# 多職種連携の技術(アート)

地域生活支援のための理論と実践

野中 猛
野中ケアマネジメント研究会

中央法規

# はじめに

　「多職種連携」あるいは「地域連携」という言葉が使われて、ずいぶんと長い時間が経過しています。
　医療が病院の中で完結された時代には、「チーム医療」という言葉が主流でした。けれど、医療の場が病院から自宅にシフトし、病気や障害をもちながら自宅で生活することが当たり前になった今日では、医療や保健や福祉、あるいは教育や労働や司法においても、「連携」なしに支援を展開することが難しい時代になりました。
　しかし一方で、連携という言葉の概念が整理されないまま使われているのも実情です。「言葉だけが一人歩きしている」と感じる方も少なくないでしょう。そこで改めて、「連携」の意味や必要性、あるいは技術としての「連携」というものを整理したのが本書です。
　本書には、11本の論文が講義形式で書かれています。通常の論文とは異なり、「論文を読む」という感覚ではなく、「講義を聞く」という感覚で読み進めることができるように編集しています。
　第1講から第5講は、連携に必要な基本的知識について平易な言葉で解説しました。第6講から第8講では、単なる「お友達集団」としての連携ではなく、「多職種チーム」として機能するための課題や効果について触れています。第9講と第10講では、連携を実現するための人材育成方法や阻害要因について焦点を当てました。最終講の第11講では、最近の論文をもとに「連携」に関する学術的な定義を整理しました。
　また、11講すべての講義に「実践事例」を掲載しています。高齢者や障害者、医療や福祉、臨床や日常などの垣根を越えて、「連携」を必要とする様々な場面に関する実践事例を掲載しました。みなさんの日常と重ね

合わせながら、読み進めていただければ幸いです。

　本書は、故 野中猛先生と野中ケアマネジメント研究会（野中塾）メンバーの協同作業によって完成したものです。第1講から第10講までは野中先生が生前に執筆し、第11講および実践事例については野中ケアマネジメント研究会（野中塾）メンバーが執筆を分担しました。そのような作業を経て、筆頭著者の亡きあとに論文が息を吹き返し、世に送り出されることとなりました。

　これらの運びを進めてくれたのは、中央法規出版の松下寿氏です。「時を越える価値を残し、時を越えるつながりを育む」という彼の信念がなければ、野中先生との「時空を越えた連携」は実現しなかったことでしょう。ここに記して感謝申し上げます。

　　　　　　　　　　筆頭著者である故野中猛先生に敬愛と感謝をこめて
　　　　　　　　　　　　　2014年　夏　　上原　久

『多職種連携の技術(アート)』

目　次

『多職種連携の技術(アート)』　目　次

はじめに

## 第1講　なぜ連携なのか　　9

1　医療保健福祉領域における連携の歴史　　9
2　連携活動の利点と欠点 ～チームワークの難しさ～　　12

実践事例
**個別支援と地域づくりにおける連携の実践**　　16
東美奈子(相談支援事業所ふあっと)

## 第2講　何を目指すのか　　31

1　目的と目標　　31
2　集団の性質と集団合議への疑問　　33
3　利用者中心の集団にするには　　34
4　質の評価　　36

実践事例
**目的と目標を共有する**　　37
佐藤珠美(医療法人共生会(ともにいきるかい))

## 第3講　力を合わせる　　53

1　自分の能力と相手の能力　　53
2　多領域の多職種　　54
3　連絡－連携－統合　　56
4　ルールと役割分担　　57

実践事例
**多領域の専門職との連携**　　59
小笠原隆(地域生活支援センターひらいずみ)

## 第4講 どう伝えるのか　73

1　組織の仕組みづくり　73
2　プレゼンテーション技術　75
3　コミュニケーションのはしご　76
4　交渉技術　77

**実践事例**

ファシリテーションとコミュニケーション　79
岡部正文（茨内地域生活支援センター）

## 第5講 出会いの場づくり　91

1　ケア会議の意義　91
2　ケア会議の設定　92
3　ファシリテーション　93
4　記録方法　95

**実践事例**

野中方式ケア会議の実践と継承　98
奥田亜由子（日本福祉大学ケアマネジメント技術研究会）

Essay　がんサバイバーという臨床活動　111

## 第6講 変わることの大変さと面白さ　115

1　変容の必然性　115
2　危機を乗り越える　116
3　職場のストレス対策　117
4　組織や地域の変革　118

**実践事例**

組織や地域を変える取り組み　120
前山憲一（半田市社会福祉協議会）

## 第7講 誰を選んで、どう育てるか　135

1　チーミングの意義　135
2　目的によって異なる　136
3　米国海兵隊の理論　137
4　チームの成熟　138

**実践事例**

チームの成熟に必要なこと　141
植田俊幸（国立病院機構鳥取医療センター）

## 第8講 連携の効果とは　153

1　チームであることの効果　153
2　実証的研究への道　154
3　影響する因子　156
4　効果とは想定するもの　157

**実践事例**

難病の方を継続支援するなかで見えてくる連携の重要性と効果　159
山下浩司（障害者支援センター ラフ・ラム）

## 第9講 人材を育てる　171

1　人材育成と人材管理　171
2　インタープロフェッショナル・エデュケーション　173
3　on-the-job training　174
4　スーパービジョン　175

**実践事例**

ケアマネジャーの人材育成　177
白木裕子（株式会社フジケア）

## 第10講 連携を実現する　　199

1　実現を阻むもの　　199
2　日本文化　　201
3　チームワークの経験　　202
4　ジュゼッペーネの事例　　203

**実践事例**
呼吸し新陳代謝するチームづくり（ある職場の試行錯誤）　　205
大久保薫（さっぽろ地域づくりネットワーク ワン・オール）

## 第11講 連携の概念と関係性　　219

1　「連携」の概念　　219
2　連携に必要な関係性　　224
3　「連携」を用いた実践事例　　228
上原久（聖隷福祉事業団）

「あとがき」にかえて　目標としての夢　　244

著者略歴

# 第1講 なぜ連携なのか

**Point**

❶ 慢性疾患に焦点が移った現代は医療活動と生活支援の区別がつきにくくなるため、クライアントも含む多職種が連携して支援にあたる必要がある
❷ 善人を集めただけではよいチームにならない。チームワークは議論を重んじる西洋社会の価値観を反映しているが、日本では建前と本音が分離しがちである
❸ チームワークは難しいが、うまくいくと単独支援ではできない効果を発揮する
❹ チームワークには利点(利用者の問題解決、効率性、専門職の利益)と欠点(利用者の不利益、非効率性、専門職の不利益)があることを心得て、意識的に活用する必要がある

## 1 医療保健福祉領域における連携の歴史

### (1) 1つの専門職の視点だけでは対応できなくなってきた

　医療保健福祉の領域で連携や協働が求められるようになった主たる背景は、ずばり「健康転換」です(図表1-1)。これは公衆衛生学で用いられた言葉で、医療においても、急性疾患から慢性疾患に焦点が移行したことを意味します。

　わが国では1964(昭和39)年東京オリンピックのころ、国民の多くは感染症やけがといった急性疾患で亡くなっていました。こうした場合は、病気を発見して病院に運び込むことが重要でした。病院から帰ってくるときには、生きているか死んでいるかはっきりしていました。病院の中でも、「生命を助ける」という1つの目標には誰も異を唱えず、リーダーである医師の命令に従うことが有効でした。チームワークを意識する必要が

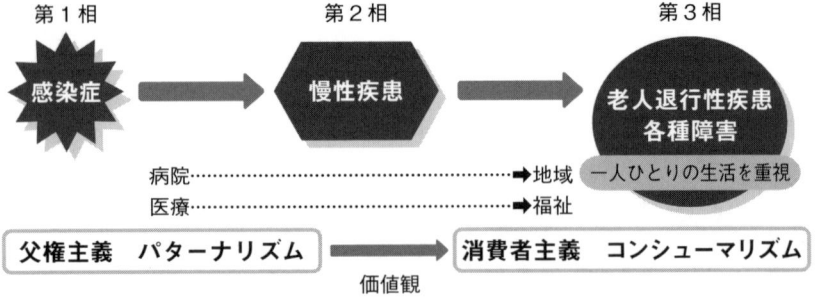

図表1-1　健康転換

あまりなかったと言えるでしょう。

　ところが21世紀の現代では、癌でも脳卒中でも、心筋梗塞でも脊髄損傷でも、多くの場合、生命が助かります。生き残って退院します。後遺障害が残っていたり、慢性疾患として日常的なケアが必要であったりします。一方、地域で生活する条件は実に千差万別です。もちろん、どのように生きるかという目標も個人個人で異なります。生活を支えようとするとき、医師だけの意見、医療職だけの視点ではまったく不足してしまうのです。

## (2) 生活の仕方が問題になる慢性疾患の時代

　生活はさまざまな要素で成り立っています。住居はどんなところに建っていて、周りにはどんな景色が広がっているのか。家族は何人で、他にも病人や障害者はいないか。誰がどのくらいの収入があって、借金はどうか。障害者手帳や年金の要望はあるのか。食事は誰が作って、掃除やごみ出しはしているのか。お風呂場や洗面台をうまく使っているか。親族で相談にのってくれる人は近くにいるのか。1日の生活をどのように過ごしているのか。将来設計はどこまでできているのか……。

　そこまで知らなくてはいけないのでしょうか？　答えの代わりに、中等度の糖尿病があり自己注射をしている高齢男性とその妻を想像してみましょう。1週間に数時間しかいない病院で、外来看護職が接触したところで、この方の糖尿病は管理できるでしょうか。ましてや、この老夫婦の積

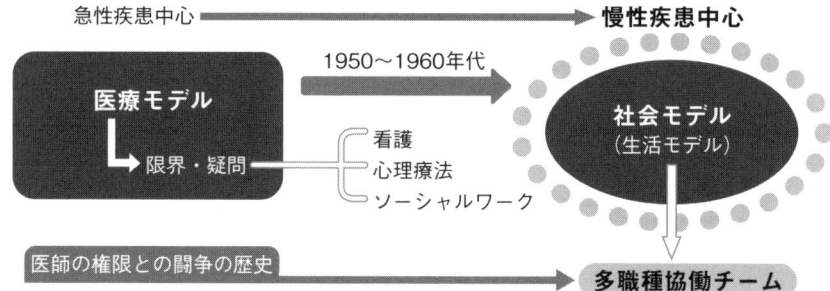

図表1-2　医療保健福祉チームの誕生

極的な健康や幸福を支援できるでしょうか？

　つまり慢性疾患の時代に入ると、医療活動と生活支援の区別はつきにくくなります。といって、1人の専門職が広く急性期対応から生活支援までできるかというと、それは明らかに無理があります。そこで関連する多様な機関や職種が、連携や協働をする必要があるのです。さらにチームで共通する目標は、命を助けるという単純なテーマではなく、生活の仕方が問題ですから、それぞれの視点や意見が異なります。むしろ、意識的に意見の異なる多様な専門家を集める必要があります（図表1-2）。

　最近の考え方では、患者やクライアントもチームの重要な一員であるとします。自分の人生のことが対象ですから当たり前です。利用者自身がサービス活動に参画する責任があるという価値観の変化も、医療や福祉に協働が求められるようになった背景です。

　歴史的には、医療保健福祉領域で多職種のチームワークを意識的に取り上げたのはリハビリテーションの世界でした。1975（昭和50）年にアメリカ合衆国リハビリテーション学会が「チーム医療」について、「共通する価値観をもち、共通の目的に向けて働く、2人もしくはそれ以上の、職種を異にする保健の専門家による集団」と定義しました。

## 2 連携活動の利点と欠点
## 　〜チームワークの難しさ〜

### (1) 善人を集めただけでは、よいチームにならない

　チームワークは決してやさしいものではありません。戦争におけるチームの良否は死活問題になりますから、孫子の時代から必死に検討されてきました。しかし、これほど古代から綿々と論じられても、チームワークの完全版マニュアルができているわけではありません。

　過去の研究から、単なる集団は自分たちの生き残りを目指した知恵が働いてしまうことがわかっています。単に善人を集めただけでは、サービス対象者である患者や利用者のために動くよいチームにはならないのです。逆に人が多くなることで、運営するための手間が増えたり、守秘義務を破るような人が出たり、弊害が大きくなります。

### (2) 連携するのは"人"である

　組織というものも、業務が重ならないように設計されますから、「組織は連携しない、そのなかにいる人が連携する。しかしそれをしない」状態が一般的です。専門職間の権力格差が邪魔をしますし、見えにくいのですが性別による格差も問題です。それぞれの専門職は、自分たちの価値観と専門用語をもっていて、なかなか相手のことを認めません。自分たちが犠牲者で、問題は相手の職種にあるという認識から離れにくいのです。

　現代の集団の仕組みの多くは西洋文化からの導入であり、チームワークも色濃く西洋社会の価値観を反映しています。そこには、会議の場で互いの意見を主張して、折り合いをつけ、決まったことには従う文化があります。しかしわが国の現場では、これまで長くやってきたものごとの決め方が中途半端に残っています。わが国の集団は情緒的な一体感を容易にもちますが、会議のなかでの意見交換は避けられます。その結果、表の決まりと裏の本音が見事に分離することになるのです。

●利点
①利用者の問題解決　　適切な計画、迅速な実施、創造的解決、質の向上
②効率性　　　　　　　より多くの資源を最大限に活用できる
③専門職の利益　　　　能力向上、人格発達、環境改善、情緒的支援

●欠点
①利用者の不利益　　　依存性を増す可能性、個人情報が漏れやすい
②非効率性　　　　　　意見調整に時間がかかる
③専門職の不利益　　　役割混乱や葛藤の出現、意見の斉一性(せいいつせい)から圧力

図表1-3　専門職間連携の利点と欠点

## (3) チームワークの力

　ときにチームワークは素晴らしい力を発揮します。それを一度でも体験してしまうと、連携協働を求めて止みがたくなります。
　例えば登山は、1人で好きな時期に好きなペースで登ることがいちばん楽です。しかし、ヒマラヤ遠征などということになると、どうしても大勢の力を必要とします。同じように、対応するのが簡単な患者さんの場合は1人で助ければ十分です。しかし、生活が容易にできない重度の事例では複数の専門職がいないと支援できません。つまり、チームワークというのは目的達成のためにしかたなく行う必要悪なのです。
　仕事としてオレンジ摘みを大勢で行っていると、次第に疲れて収穫量が落ちてきます。これを2人1組にして競争させると、疲れずに収穫量も上がります。このように、ともに行動する状況で能力が高まる社会的促進効果や、ユニフォームによって気力が刺激される一体感効果など、チームであることの効果はさまざまに証明されています。

## (4) チームワークの利点と欠点

　医療保健福祉の領域でチームワークがうまく働くと、次のような利点があるでしょう。1つ目は利用者の問題解決に対して、知恵が集まって創造

#### 対人関係要因 interpersonal factors
①連携の喜び（凝集性、成熟など）、②信頼（自信、協力する能力など）、
③コミュニケーション（技能、交渉、知識の共有など）、
④相互尊敬（相互に貢献が補完する）

#### 組織的要因 organizational factors
①組織構造（水平性、決定権共有、直接交流など）、
②組織的理念（参加、平等、自由、相互協力など）、
③管理者の支援（リーダー、管理など）、④チーム資源（時間、場所、情報など）、
⑤協力と交流（理念、手順、共通様式、会議など）

#### 制度的要因 systemic factors
①社会的要因（職種、性別、階層、力の不均衡など）、
②文化的要因（連携への価値感、自律性など）、
③専門家要因（優位性、自律性、統制、断片化など）、④教育的要因（専門家養成優先）

**図表1-4　良好な連携の決定要因（1980-2003年の文献レビューによる）**

的な計画ができますし、情報が行きわたって迅速な実施につながります。2つ目は、多くの資源や人材を最大限に利用できます。3つ目には専門職側にも利益があって、能力向上、人格発達の機会となり、ほかの人からの情緒的支援が得られます。

　逆に欠点としては、チームが立派であると、利用者の依存性が高まる問題が出てきます。また非効率的で、意見調整に手間ひまがかかります。専門職にとっても、役割混乱のために葛藤が生じやすく、大勢の意見に圧力を受けて反対できなくなるという現象も起きます。リーダーがチーム構成員を注意深くながめて、少数意見を大切に扱うことが重要になります。

　チームワークや連携協働という方法は、利点と欠点があることを心得えて、意識的に活用する必要があるでしょう。連携がうまくいくための要因について、多くの文献を整理した研究レビューの内容について、図でご紹介しておきます（図表1-4）。対人関係ばかりでなく組織や制度上の問題もありそうです。

引用・参考文献
1) Rodenhauser, P. Psychiatristi as treatment team leaders : Pitfalls ane rewords.

Psychiatric Quarterly. 67(1), 1996, 11-31.
2）松岡千代．ヘルスケア領域における専門職種間連携：ソーシャルワークの視点からの理論的整理．社会福祉学．40(2), 2000, 17-37.
3）San Martin-Rodriguez, LS. et al. The determinants of successful collaboration : A review of theoretical and empirical studies. J of Interprofessional Care. 19 (Suppl), 2005, 132-47.

【実践事例】
# 個別支援と地域づくりにおける連携の実践

相談支援事業所ふぁっと
**東美奈子**

　私が初めて"連携"を意識したのは、看護学生の時でした。最後の実習場所である小児科病棟での小児糖尿病患児との出会いです。

　彼は入院中には血糖コントロールができるのですが、退院するとすぐに調子を崩し入院するという繰り返しでした。当時はまだ訪問看護があまり行われていない時代でしたから、私は率直に「地域と医療がつながっていないから、このような状態が起こるのでは？」と感じたのです。

　今にして思えば、家族の支援する力が弱かったことや本人への説明の不十分さなど、病状を悪化させる要因はほかにもたくさんあったのですが、その時は「医療機関に病院と地域をつなぐ人が必要」と強く思い、その"つなぎ"の役割がしたくなった私は「病院の保健師」という道を選びました。

　その後、精神障害者支援を行うなかで、地域で支える必要性を感じた私は、自分のフィールドを地域に移しました。

## 1 個別支援における連携事例

　Aさんは、50歳代の男性。統合失調症。経済的な理由と家族支援の脆弱化が理由で通院できなくなり症状が再燃、入院治療に至ったケースです。私と

・Aさん・50歳代・男性
「3年経ったら退院します」

の出会いは6年前、生活保護受給者の退院支援事業の利用者と支援者という形でした。

　最初出会った時のAさんの希望は「あと3年経ったら退院します」ということでした。ただ私の面会を拒否されることはなく、面会するたびに自分のことを語ってくれました。

　それから2年経過したころです。主治医が変わり、関係者会議が行われました。当時もAさんの希望は「3年経ったら退院します」でしたので、退院支援は全く進んでいない状況での会議でした。集まったスタッフは、主治医・精神保健福祉士・受け持ち看護師・退院調整看護師・地域支援者（私）の5人でした。それぞれがAさんとのかかわりのなかでの状況を報告し、今後の方針について「本人に"退院"ということを告知して支援をすすめよう。ただ1か月に1回の本人を交えての会議でその後の1か月のことを決めると宣言して、入院継続を保証しつつ」と決めました。

　それから1か月に1回、本人の目標と支援者がすることを決める会議が始まりました。退院支援が始まってからのAさんは精神的な不安を強く訴え、私には「今の希望は閉鎖病棟に行って隔離室に入ることです」とばかり話されました。その理由を聞くと「隔離室にいたら"退院"のことは考えなくてよいでしょう」と繰り返されるのです。退院に向けて見学や体験利用を繰り返していたデイケアも、ある時「自分はデイケアには行きたくありません。もう見学も体験もしなくてよいです」と拒否、受け持ち看護師（Cさん）との外出も「買いたいものはないから外出しなくてよいです」と拒否。支援者それぞれがまさしく"途方に暮れる"状況でした。

※側注のPointは講義のPoint番号に照応することを示す

・チームによる退院支援の始動
チームメンバー
　・主治医
　・PSW
　・受け持ち看護師
　・退院調整看護師
　・地域支援者
▶ Point ❶

・毎月1回、本人を交えて会議を開催
▶ Point ❶

第1講　なぜ連携なのか

この状況を打破してくれたのは、入院中に兄貴分だった当事者（Bさん）でした。「ひさしぶりにBさんに会いに行かない？　Cさんはグループホームを見たことがないから、一緒に行ってあげてよ」。人の役に立ちたい気持ちの強かったAさんは「Cさんを連れて行く」ことで了解してくれました。

　しかしグループホーム見学の前日、Aさんは病棟内で大声を上げ、暴力を振るおうとしたのです。その理由をAさんに聞くと「入院するまで、1日100円しかもらえなかった。食べ物はパンの耳かポップコーンを1日1回。仕事をしなさいと言われて雨の日も家に入れてもらえなかった。あんな生活はいやだ」と話されたのです。この話を聞いたCさんは、退院調整看護師に「あんなにつらい思いをしてきたのに。やっと入院して食事が安心して3食食べられる生活になったのに。やっとお布団でゆっくり休めるようになったのに。このままではいけませんか？」と伝えました。チームで「新しいことをするときは精神的に揺れて当たり前」という共通認識をしていたはずなのに、支援者間で気持ちに差が出てきた瞬間です。

　もし、チームでAさんの支援をしていなかったら、きっとこの時点で退院支援は中止または延期だったでしょう。しかし、ここでチームの力発揮です。緊急で関係者会議を開き、それぞれの想いを伝え合い、そのうえで今後の方針を再確認しました。この時の役割分担と、Aさんの各職種に対するイメージは図表1-5のとおりです。

　翌日、AさんとCさんはグループホームに出かけ、当事者のBさんと一緒にグループホームでAさんたちを待ちました。グループホームでは、Aさん

・受け持ち看護師をグループホーム見学に連れていく「役割」を引き受けてくれる
▶ Point ❶

・支援者間で気持ちに差が出てきた
▶ Point ❷

・支援関係者会議（ケア会議）を開き、方針を再確認（チームの方向性を統一）
▶ Point ❶

```
┌─────────────────────────┐
│ 連携のカギは何度も顔を合わすこと │
│ なんでも一緒に考えること         │
└─────────────────────────┘
```

- 主治医〜病状管理
　Ａさん➡すべてにおける責任者というイメージ
- 受け持ち看護師〜本人の気持ちに寄り添う・代弁者
　Ａさん➡自分のことを一番わかってくれる人
- 退院調整担当看護師〜院内のコーディネート・本人の背中を押す
　Ａさん➡退院のことを考えているのでちょっと心配！　でも頼りになる
- PSW〜各種手続き
　Ａさん➡いろいろな手続きをしてくれる人
- OT〜楽しみの共有・生活スキルのアセスメント
　Ａさん➡OTは楽しい、きちんと行ってます！
- 相談支援専門員〜退院をコーディネート
　Ａさん➡話を聞きにくる人・退院に向けての最大の味方！
- 生活支援員〜退院の細やかな準備
　Ａさん➡楽しいことを一緒にしてくれる人
- 生活サポーター〜共感者であり理解者
　Ａさん➡わかってくれる人

**図表1-5　支援者の役割分担とＡさんが抱いていたイメージ**

の質問にＢさんは丁寧に答えてくれました。そして最後に一言「Ａさん、僕はＡさんのことは好きだよ。でもね、僕はそろそろ一人暮らしをしたいと思っているんだ。だから早くここに来てほしい。僕も生活保護を受けているから生活は苦しいけど、何とかやっていけるよ。一度ここに泊まってみたら」と言われたのです。

　その一言がきっかけとなり、Ａさんはグループホームの体験入所をしました。それから1か月後、Ａさんは退院しました。退院に向けての具体的な支援は、図表1-6のとおりです。

　Ａさんが退院してから3年、支援の軸は病院から地域に移りましたが、Ａさんの支援チームは継続しています。困ったことも良かったことも共有しなが

・Ｂさん（ピアサポーター）の言葉でＡさんは退院を決断、地域生活へ移行
▶ Point ❶❸

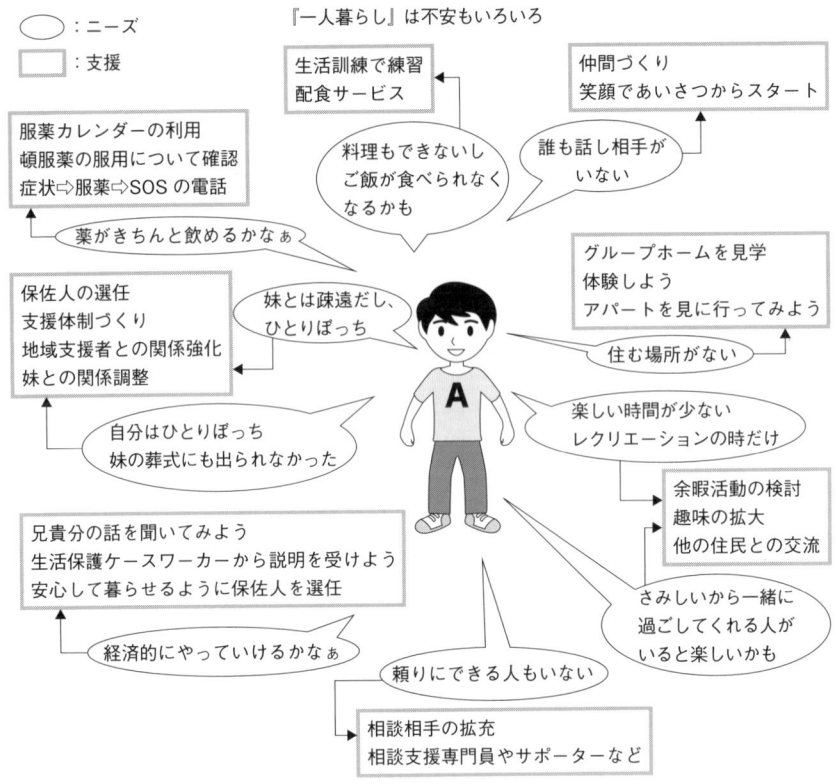

**図表1-6 ニーズに対する支援**

ら、より強いチームに育っていっています。

### 「チームワークの利点」

①Aさんは支援者それぞれに見せる顔が異なるため、チームでかかわることでAさんの全体像をとらえることができる
②チームの中で「Aさんの気持ちを受け止める支援者」と「そっと背中を押す支援者」の役割分担できることが必要
③多職種でかかわることで、専門的な視点が多角的になる（専門分野により見え方が違う）

・Aさんの支援におけるチームワークの利点
▶ Point ❸❹

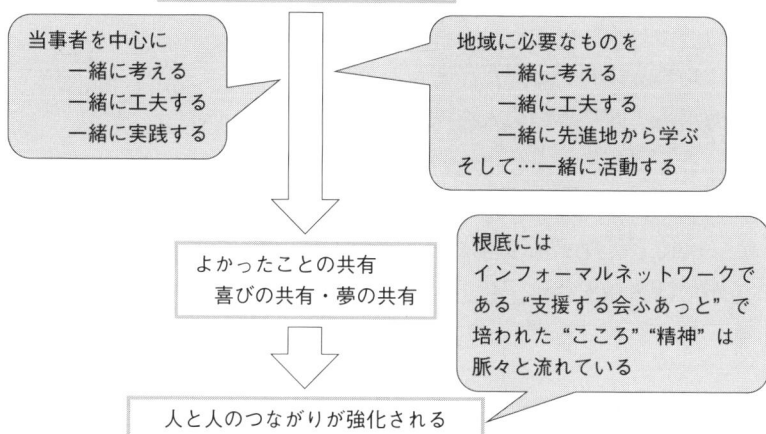

**図表1-7　連携のコツは共有から**

④役割を明確にすることで、Aさんが誰に何を聞けばよいのかわかりやすくなる
⑤支援者が1人で考えなくてよい。責任も1人で抱える必要がない
⑥あきらめない支援が可能になる（継続できる）
⑦課題が多岐にわたっている場合、専門性を活かした工夫ができる

# 2 地域づくりにおける連携事例

## (1)「ふくふく」の始まり

　2002（平成14）年夏、山口県周南圏域の精神障害者の交流を目的とした海水浴が健康福祉センター主催で行われました。当時、地域生活支援センター

に勤務していた私は、関係各所との顔合わせも兼ねて、その海水浴に参加しました。

以前より、地域の中で何かやりたいと思っていた私は、スーパーバイザーから「1人ではできないから、一緒に始める仲間が必要だ」と言われていたので、その海水浴で同じ思いの人を探そうとも思っていました。そして何気なく、1人の参加者に「周南の街中で何かできることはないですかね」とつぶやきました。今でも、なぜあの時にそんな話になったのかは定かではありません。しかし、"何かしたい"という強い思いがあったことは言うまでもありません。

その日から1か月に数回、当時作業所の職員だったEさんと心の健康ボランティアのFさんと集まって、いろいろな夢を語りました。それと同時に、健康福祉センターの保健師（Gさん）に「街中に資源を創りたい。多職種の勉強会を始めてネットワークを創ろう」と幾度となく話をしていました。そして、勉強会を始めましたが、なかなかその研修の場では資源を創るという話にはなりませんでした。また、EさんとFさん、私の3人では夢は語ってみるものの、資金はどうするのか、専属のスタッフはどうするのか、運営はどうするかなど、なかなか話はまとまらずに、約1年が過ぎました。

2003（平成15）年夏、私はGさんから「中心市街地活性化事業というのがあるから、話を聞いてみないか」と言われました。早速、Eさん、Fさんと一緒に話を聞くことにしました。今まで精神障害者の地域支援は考えていても、街づくりには全く関心のなかった私が、初めて市の街づくり担当者と出会ったのです。

・「街中に資源を創ろう」
作業所の職員Eさん、心の健康ボランティアFさんと夢を語り合い、健康福祉センターの保健師Gさんと勉強会を始める
▶ Point ❶

・Gさん（保健師）から「中心市街地活性化事業」を紹介される

話を聞くと一応3年の国庫補助事業だということでしたが、1年で終わるかもしれないし、2年で終わるかもしれないというとても継続性のなさそうな事業でした。終了時には、店舗をもとのように戻して返さないといけないとか、担当者もいつ変わるかわからないとか、商売の経験のない私たちにとっては、想像すればするほど不安材料しかない事業でした。Eさん、Fさんと3人で話し合った結果は「とても魅力的な話だけど、今の私たちにはリスクが高すぎるから断ろう」ということになり、いったんは市の担当者に断りに行きました。しかし、市の担当者が商店街に福祉の施設をつくることに興味をもってくれていて、断りに行ったはずの私たちの背中を強く押してくれたのです。

　「やるだけやってみましょうよ。自分たちもできるだけ手伝いますから……。面白い企画だから国も関心を示しますよ」。その言葉にまんまと乗せられたのかもしれませんが、このときの後押しがなかったら、「ふくふく」は存在しませんでした。そこから、準備が始まりました。

　まずは協力者を集めることからです。Eさんは家族会の人に、Fさんは心の健康ボランティアの人に、私は医療機関で勤務する人に声をかけることに役割分担をしました。しかし、第1回目の説明会で、最初の危機が起こりました。EさんとFさんから「関係者のみんなが賛成していない段階で始めることはできないのではないか」という意見が出たのです。自分の耳を疑いました。私にしたら、「なぜ今？　そのような話ならまず、3人の時に言うべきでは？　私はこんなに人を集めてきたのに……」。言うまでもなく、1回目の説明会は悪い雰囲気のま

・Eさん、Fさんとの間で気持ちのすれちがいが生じる
▶ Point ❷

第1講　なぜ連携なのか

まに終わりました。

　振り返ってみれば、お互いこのくらいはわかっているだろう。気持ちは通じているはずという気持ちから、お互いの気持ちを確認しておらず、それぞれの所属への説明をその人1人にまかせていたことが負担だったのかもしれないと思いましたが、当時はそのように考えるゆとりもありませんでした。

　第1回目の説明会の後で、私たちは何度も話し合いを重ねました。そして、2か月後の2004（平成16）年2月、周南精神障害者の地域生活を支える会「ふくふく」を会員15名で設立。私が代表になりました。

　この任意団体で、商工会議所や市の商工観光課と一緒にコミュニティ施設「ふくふく」の運営を始めることになりました。店は飲食店をすることにしました。なぜなら、日ごろの生活支援のなかで一人暮らしの人は食生活がうまくいっていない人が多いことを感じていたこと、街中に出かけた時に喫茶店に入ることもできない、出かけても行く場所がないという状況をどうにかしたいと思っていたこと、そのような理由からです。

・「ふくふく」の設立、コミュニティ施設（飲食店）の運営開始
▶ Point ❶

## (2) コミュニティ施設の運営

　中心市街地活性化事業としてコミュニティ施設「ふくふく」を運営することになり、中心市街地商店街の空き店舗探しから始まりました。私たちは2階でもよいから広いスペースが希望でしたが、事業の性格上、道路に面した1階の空き店舗を使ってほしいという商工観光課の希望を聞くことになり、場所の決定に時間を要しました。

ハードの面は事業の経費でどうにかなるが、私たちが考えなくてはならないことは、人の配置をどうするかということでした。人件費が払えないので、ボランティアでするしかありませんでした。現状でできることは、仕事の休みの日にボランティアで店番をすることになりました。

　そうなると、毎日店を開けることはできません。ここが商店街の人には理解されないことでした。この事業の運営委員会には、商店街振興組合の組合長さんたちが委員としておられたので、週3日しか開店しないということに対して厳しいご意見もいただきました。私自身、その委員会を通じて、商売と福祉は両極端な立ち位置にいるかもしれないと感じましたし、果たして、やっていけるのかと不安になりました。しかし、私が不安になっていては、仲間も不安になってしまいます。私は、この不安を心の中にしまっておきました。

　コミュニティ施設「ふくふく」は、障害者が気軽に立ち寄れて、ゆっくりとした雰囲気で食事ができるようにと、低価格でバランスのとれた野菜中心の手づくり料理の提供と、ゆっくりできる居場所の提供をコンセプトに店づくりをしましたが、道路に面したガラス一面にカッティングシートを貼ったことで、当事者から「障害者を隠すつもりか」という意見をもらったり、お客さんからは「靴を脱いで入るのは入りづらい」という意見をもらったり、自分たちの思いとのギャップに悩みました。また、私たちは専門職として仕事をしており、ある種サービス業であるにもかかわらず、無意識の中で指導者になっている自分たちに気づきました。そのように1年目は紆余曲折ありながら、専門職としての自分たちを

・仕事の休みの日にボランティアで店番をすることに商店街からの理解が得られない
▷ Point ❶

・やっていけるのか、不安な気持ちを心の中におしかくす

第1講　なぜ連携なのか

振り返りながら進んでいきました。

「ふくふく」を始めて3年目に再び危機が訪れました。専門職のボランティアスタッフは、自分の仕事の休みの日に「ふくふく」に行ってボランティアをするという、無理な状況がお互いの気持ちのゆとりをなくしていたのです。また、精神障害者が食事のできるスペースをつくりたかったのに、サービスデイを設けても来られるのは一般住民がほとんどという状況のなかで、自分たちが何のためにやっているのかが、見えなくなってきたのです。

さらには、開設当初より商店街振興組合の人たちと話し合いを重ねてきた私は、3年目になるころには、商店街振興組合の組合長さんたちから、徐々に「ふくふく」が認められてきた実感をもっていましたが、ほかのスタッフにはそれが目に見える形でないだけに、実感として感じられていないという状況も、お互いの間に溝をつくっていました。

私は、この事業を展開し始めた時からずっと不安を1人で抱え、何とかしようと思っていたことに気づきました。「1人ではできなかった」。その思いを表現していなかったし、みんなでつくれたことに感謝していることを表現していなかったことにも気がつきました。そのような状況のなかで、私たちは、再び夢を語ること、初心に戻ることにしました。何度も喧々諤々話し合いの時間をもち、その時間のなかで、お互いの目指していることの違いに気づき、「ふくふく」から離れていった人もいました。反対に「自分たちにできることはやるから、1人で抱えないで」と言ってくれる人もいました。

- 3年目の危機
  - 精神障害者のためのスペースのつもりだったが、来客は一般住民がほとんど
  - 他のスタッフが手応えを実感できていない

- 初心に戻り、再び夢を語りあう→危機からの脱却
▶ Point ❷

## (3) 働く場所への転換

　3年目の危機を乗り越えたころより、「ふくふく」を社会適応訓練の事業所として登録しました。そのことが転機となり、「ふくふく」は、精神障害者にとってお客さんとして来る場所から働く場所に転換していきました。もちろん、今も常連客として来られる当事者もおられるし、入院中の患者さんがイベント等で市街地に出かけた時の昼食や休憩場所にもなっていますが、どちらかと言えば、地域住民がお客さんで、当事者は社会適応訓練の訓練生やボランティアとしてかかわってくれています。

　働く場所に転換したことで、私たちの役割は、いかに仕事を取ってくるかということになりました。商店街の人や社会福祉協議会・健康福祉センターや市民活動支援センター、その他関係機関にPRしていきました。ランチの他にイベント等でお弁当をつくらせてもらい、収益を上げることにしたのです。チラシの配布も訓練生の仕事にしました。この仕事は訓練生にとって、地域の人と話をする1つのきっかけになりました。

　働く場所への転換は、私たちに新たな工夫を考えさせてくれました。障害をもちながら働くにはどのような工夫が必要かなど、当事者と一緒に考えていくことになったのです。

　2007（平成19）年になって、市街地で生まれ育った当事者が、自分も障害を隠さずここで働きたいと言って来られました。その方は、数年前からお客さんとして「ふくふく」に来られていた人でした。「なんとなく、ここでなら、自分のことも理解してもらえるかなと思って……。病気のことを地元で言

・社会適応訓練事業所として登録し、精神障害者の「働く場所」に転換
▶ Point ❶

・当事者と一緒に運営のしかたを考えるようになる
▶ Point ❶❷

・「ふくふく」で働くことを希望する当事者が現れ、「安心できる場所」になっていたことを再確認する
▶ Point ❸

うのは勇気がいりましたけど。自分が病気になったことが他の人の役に立ったら……」と話されました。見て感じるなかで、ここは安心できる場所であったのだと、この方の言葉で再確認しました。

## (4) 地域の中でのひろがり

　2004（平成16）年10月にオープンしたコミュニティ施設「ふくふく」という小さな拠点は、今地域の中で、こころの健康やこころの病に対する啓発の拠点として、少しずつ周囲から認知されるようになってきました。民生委員の研修に利用してもらったり、「ふくふく」のボランティアとしてのつながりから、周南市の自立支援協議会の専門部会の委員になってもらったり、今までは精神障害について無関心だった人たちが関心をもってくれています。また、当初は「障害に対する認知度が低いのに、今そんな施設をつくっても無理だ」と言っていた市の障害担当者も「「ふくふく」のつながりが周南市の自立支援協議会につながってきて、おもしろいですね」と言ってくれるようになりました。

　商店街のイベントにも定期的に参加させてもらえるようになりました。きっと商店街振興組合の皆さんからすれば、商売になっていないと思われることも多いことでしょう。そのようななかで10年間見守り続けてくださったことには、大変感謝しています。ある組合長さんは、会合の時にはコーヒーセットをいつも注文してくださっていますし、商店街の仕事もまかせてもらえるようになりました。

　さらに、この3〜4年くらいは、商店街で働く人たちが「ふくふく」とそこで働く当事者を気にかけ

・現在、「ふくふく」はこころの健康やこころの病に対する啓発拠点として認知されるようになっている
▶ Point ❶ ❸

・商店街で働く人たちが「ふくふく」と当事者を気にかけてくれるようになる
▶ Point ❶ ❸

てくださっています。1か月に2～3回、当事者だけで運営する日がありますが、その日などは、わざわざ店に寄って声をかけてくださります。「頑張っているね。今日も笑顔がいいね。今日のランチおいしかったよ」などの声かけが、当事者にとって何よりの励みになるようです。最近では、訓練生や当事者ボランティアが争って配達に行くという場面もあるようです。

また、お客さんとのつながりが、当事者の生活の幅を広げています。常連客の方の店に行って、買い物をするのです。買い物をしながらおしゃべりをする、そのような些細なことと思える経験が、当事者が地域の中で生活をしているという実感を得ることになるのです。

このような場面に出会うと私たちは、やはり地域の中で暮らすことがその人らしい生活をつくるのだと感じます。専門職である私たちは、人とつなぐことをすればよいのではないかと思えるエピソードです。

- お客さんとのつながりが当事者の生活に幅をもたらす
▶ Point ❸

## (5) 「ふくふく」が私たちにくれたもの

「ふくふく」での活動は、自分の休みを使っての活動なので、一見大変に思えます。しかし、「ふくふく」で活動していると、なぜかほっとしていたり、癒されていたりする自分に気がつきます。これは、その場の雰囲気なのか、そこにいる人がそうさせているのかはわかりませんが、私たちの実感として癒されているのです。

また、「ふくふく」という拠点が街中にできたこと、それが9年継続したこと、継続する中で商店

- 9年にわたる活動により、人と人のつながりが重なり合い、ネットワークの網目が細かくなっている
▶ Point ❶❸

第1講 なぜ連携なのか

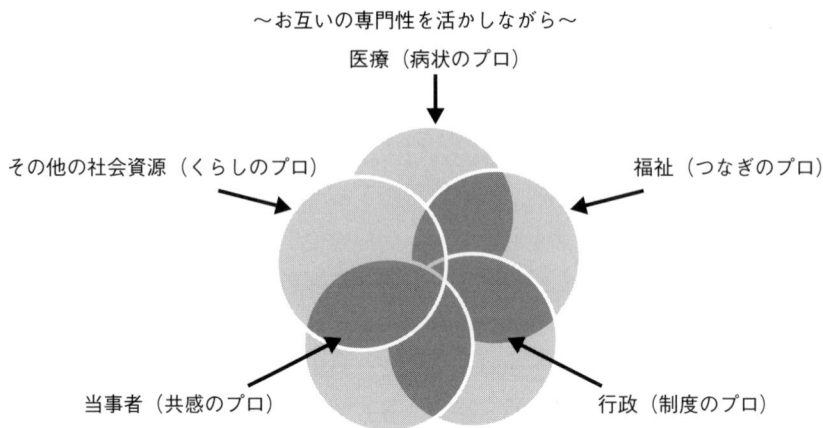

**図表1-8　医療と福祉・住民の協働**

　街の人々に支えてもらえたことが、私たちの自信につながっています。「ふくふく」を始めたときに「決して金持ちにはなれないかもしれない。でも人もちになれるといいな」と語っていたことが現実となりました。人は人に支えられている……。そう実感できるとともに人と人のつながりが重なり合い、網目のようなネットワークになってきつつあります。当事者・ボランティア・地域住民・多職種多機関の専門職などがそれぞれの専門性を活かしながら（図表1-8）、つながってきています。このつながりを強くすることで、また、新しい展開が生まれるのではないかという期待が生まれています。11年目に向けて。

# 第2講
# 何を目指すのか

> **Point**
> ❶ 連携を実践するうえで最も大切なのは目的・目標の共有である
> ❷ 目的は何のために行動するのか方向性を示すもの、目標は当面に目指す事柄で、具体的で達成可能なものでなければならない
> ❸ 目的・目標を定める際には率直に話し合い、十分に納得しておくべきである
> ❹ 集団は自己保全を第一義的な目的としがちだが、医療保健福祉領域の目的はあくまでもクライアントの幸福である
> ❺ 集団が本来の目的を忘れないためには、当事者を議論の場に招き入れることが有効である

## 1 目的と目標

　チームワークや連携を実践するうえで最も大切なものは何かと問われれば、やはり目的と目標であると答えるでしょう。それらがメンバーのあいだで共有されていなければ、チームワークや連携の技術をどれほど重ねようともほとんど無効です。

　目的とは、何のために行動するのか方向性を示すものです。抽象的で長期にわたるものですから、どこまで行ってもたどり着かないかもしれません。目標とは、当面に目指す事柄で、定性的・定量的に表現されるものです。具体的で、達成可能なものでなければなりません。もちろん、目的に沿っているはずです。

　軍事史上有名な話として、「目的はパリ、目標はフランス軍」が、ドイツ軍参謀本部の作戦会議における指針とされたそうです。パリを陥落するために、フランス軍を撃破するわけですし、その手段として機甲師団によ

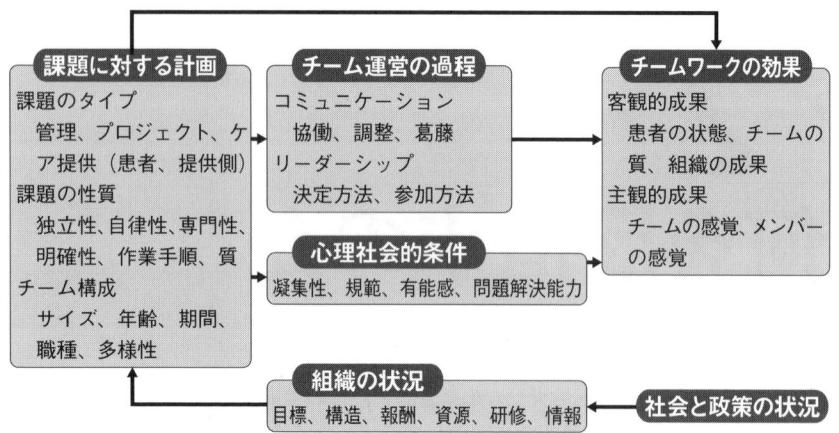

図表2-1　チームワークの効果をもたらす要因の関係（俯瞰図）

る侵攻を採用したのです。

　さらに、ビジョンとは組織の存在目的をあらわし、ミッションとは、その目的を達成するための信念となる根本的価値を示したものです。

　何らかのチームを組織する際やほかの組織や人と連携する場合に、こうした目的と目標について、話し合うことを欠くことができません。しかし、わが国の臨床現場ではほとんどの場合、「理屈をこねる必要はない」とか、「水臭い」「リーダーにまかせている」「時間がない」「めんどうだ」といった理由で、あいまいに活動が始まってしまうのではないでしょうか。

　映画『オーシャンズ11』は、ならず者が11人集まってカジノの金庫破りを成功させる物語です。実はここにチームワークの技術が散りばめられています。彼らは仲良しクラブではなく目標遂行集団です。あれほど喧嘩をしている間柄であるのに、巨額の金を手に入れるという目的、どこの場所をどのような計画で襲い、獲物の分け方をどうするのかといった話し合いの際に、手抜きをすることは絶対にありません。

　チームワークの効果をもたらす要因の関係を追求した研究について、図にあげておきましょう（図表2-1）[1]。チームワークとはきわめて多因子的な活動です。だからこそ目的と目標をつねに確認する必要があります。

欧米人は凝集性よりも機能性を重視し、日本人は機能性よりも凝集性を重視している

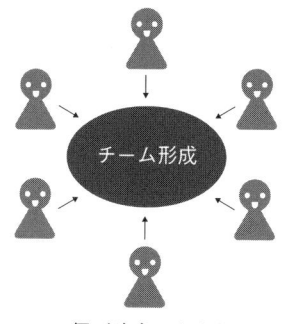
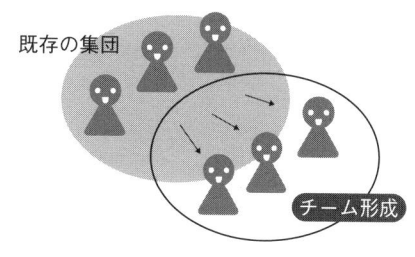

図表2-2　チームの比較文化論

## 2 集団の性質と集団合議への疑問

　目的と目標を定める際には、率直な話し合いによって、十分に納得しておくべきでしょう。

　特に日本人の場合には、話し合われる内容は建前であって、実際の目的や目標が別のところにある場合が往々にして生じます。本音のコミュニケーションは会議の前に済んでいたり、後の懇親会で決まったりするのです。内容よりも、誰の発言なのかが重視されたりします。容易に"集団"を形成するのですが、"チーム"にはなっていないのです。

　チームワークや会議のあり方は西洋文化を導入しているのに、情緒はいまだに東洋的気分に支配されがちです（図表2-2）。西洋的ルールでは会議の場が戦場ですから、そこでの議論に全力を注ぎ、リング外であらためて情緒的交友関係を深めます。わが国で当面意識すべきは、会議外で決まる事柄を採用せず、あくまで会議で決定するというルールを、全員に向けて、何度も表明することでしょう。

　人が集まって集団をつくると、自然に集団力動が働きます。集団力動とは、相対する2つの動きが、集団の恒常性（ホメオスタシス）を保とうと、互いに影響しながら働くことです。具体的には、凝集しようとする力

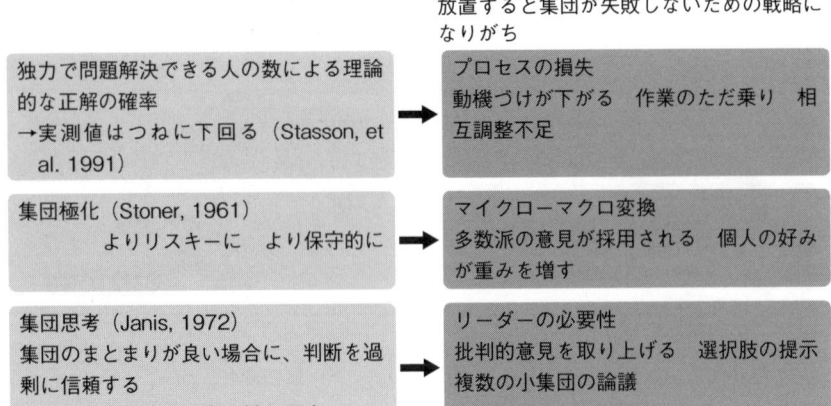

**図表2-3　集団合議への疑問**

と解体しようとする力、変化しようとする力と安定しようとする力などのことです。「良い」ことが単純に合意されるとは限りません。

「三人寄れば文殊の知恵」という現象を期待しても、そう簡単には起きません。単に人が集まると、手抜きや足の引っ張り合いが起きて、人数に見合った能力を得ることができません（理想値と実測値の違い）。集団の決定はときに白黒がはっきりついてしまい、中間意見が出せなくなります（集団極化）。少数派の意見はかえりみられずに抹殺されがちで、わずかな情報によって大きく左右されます（集団思考）。こうして、チームにはリーダーの機能がいかに必要かと思い知らされます（図表2-3）。

さらに、リーダーが生まれて統制されたとしても、その集団の第一義的な目的は、集団自身の保全に置かれてしまいがちです。患者やクライアントの幸せという目的はしばしば建前におちいり、もう1つの本音に向かって動くことでしょう。

# 3 利用者中心の集団にするには

あらためて言うまでもなく、医療保健福祉領域におけるチームワークや

連携の究極の目的は、患者やクライアントの健康や幸福に置かれています。

利用者中心主義というスローガンについては、誰もが疑っていないようです。しかし、その目的に沿ったという具体的な目標を見てみましょう。病院管理部からは外来患者増や病床回転率が提起されます。看護部では看護師の健康管理や当直体制軽減が目標となります。患者を代表する意見は管理会議には出されません。ときに苦情処理やご意見箱などが話題になりますが、その場合にも、病院組織を守るための対策が話し合われてしまうのです。

チームワークや連携の本当の目的はいったい何なのでしょうか？ 話し合いの展開を素直に見ていると、経営が健全になること、多職種間のいさかいや上下関係が軽減されること、職員が働きやすい環境を整えることなどに落ち着いてきます。

つまり普通の集団は、自分たちの集団が安全で豊かになるように、知恵を絞るという事実です。集団の外にいる患者の幸せを第一に考えることは、まず起こらないのです。

そこで究極の対策は、患者やクライアントという「当事者」を会議の場に招き入れることです。「私たちを抜きに私たちのことを決めないで」という障害者自立生活運動のスローガンを聞いたこともあるでしょう。障害者総合支援法の場合は、内閣府の会議に障害当事者も加えて議論されました。イギリスの「利用者参画」に関する法律では、ケアマネジメントのプランを共有することも当然ながら、病院などが新たなプログラムを動かそうとする際の会議には、ユーザーを入れなければならないと規定されています。

それができない場合は、組織リーダーたちの見識が問われます。どのようなビジョンやミッションでその組織を運営しようとしているのか、職員は真剣に見ています。リーダーの本音はけっこう容易に組織に広がります。日常業務においても、本当に利用者の幸せを考えると、他の職種や部門に要求せざるを得なくなります。仲間内の仲良し関係を重視するのか、利用者の有益性を優先するのか、突きつけられることでしょう。

むしろ、チームには集団維持の目的と課題遂行の目的という2つの機能

があると、常に考えるべきでしょう。2つの機能のバランスが要点となります。

# 4 質の評価

　ストレスを乗り越えて、リーダーが利用者中心主義を打ち出しやすくなるための現実的な対策は、医療保健福祉領域において、サービスの質が経済的に評価されることです。わが国の現状では、法的に規定された人員配置や物理構造ばかりがチェックされ、アウトカムであるケアの質はほとんど評価されません。医療機関でも福祉機関でも、患者・利用者の面倒をみている限りお金が支払われ、状態を良くしなくても文句を言われないのです。むしろ、患者・利用者が良くなると利用者が少なくなってしまうので、経営ができなくなるという現実を抱えています。ケアの質が高いほど評価される制度がなければ、チームや連携が育たないでしょう。

　医療保健福祉領域をめぐるチームワークや連携は、こうした全体的状況のなかにあることを理解したうえで、目的や目標に向けて舵をとるリーダーたちの力量が問われています。

引用・参考文献
1）Lemieux-Charles, L. et al. What do we know about health care team effectiveness? : A review of the literature. Medical Care Research and Review. 63 (3), 2006, 263-300.
2）大橋昭一ほか編. 現代のチーム制：理論と役割. 東京, 同文舘出版, 2003, 196p.
3）松井紀和. "集団の発生と発展". 小集団体験：出会いと交流のプロセス. 松井紀和編. 東京, 牧野出版, 1991, 246p.

【実践事例】
# 目的と目標を共有する

医療法人共生会（ともにいきるかい）
**佐藤珠美**

## 1 介護保険制度

### (1) 介護保険創設時

　介護保険制度が施行された当初をあらためて振り返ると、走りながら考え整えていく制度のなかで、利用者はもちろんのこと、介護保険給付対象となる事業所はまるで信号のない交差点に置かれた状態であったように思います。

　利用者は、今まで長時間の「滞在型」であったホームヘルパーの連続稼働時間が短縮されることで不安を訴えました。老人保健法で行われていたデイケアの金額体系が複雑になり、さらには利用料金が上がることで、不満を訴えながらも自ら利用回数を抑制していく方も多くいました。その一方で、それまで介護サービスに縁のなかった方が、「1割負担で使えるサービス」として、（せっかくだから……と）家事支援や福祉用具貸与のサービスに興味をもち始めたのも事実です。

　介護保険サービス事業者は、利用者への対応と説明に追われ、制度のなかでどうサービスを運営していくかを調整する毎日でした。ほぼ毎日のように発出される通知等に必死で目を通し、行政等の関係機関と連絡をとりながら、法的に問題なく、いわゆる「サービスをまわしていく」ことが当面の課題で

あったでしょう。

「要介護状態となり介護・訓練・看護・医療が必要となった人に、その有する能力に応じた自立した日常生活を営むことができるよう必要なサービスにかかる給付を行う」という介護保険制度の目的を遂行するためのサービス調整であるのが本来の姿です。しかし、置かれている状況によっては、その目的がはるか遠くでぼやけてしか見えなかったり、通り過ぎた道端に置き忘れて、振り返ってみるどころか置き忘れたことすら気づかなかったりすることもあるでしょう。介護保険制度施行当初はまさにこの状況、介護保険サービスを制度の枠のなかで提供するという、誰の目にも明確な目の前の目標達成に右往左往していたように思います。

・介護保険制度施行当初、現場は目的遂行よりも目の前の目標達成に右往左往していた

## (2) 介護保険制度の目的とケアマネジャー

介護保険制度が世間に根付いていくなかで、その中核となるケアマネジャーは、「御用聞き」「サービスありき」「マネーマネジャー」など、多くの批判を受けることになりました。

介護保険法におけるケアマネジメントでは、介護保険給付サービスが利用されなければ介護報酬が発生しません。ですから、制度のなかでの事業所運営という視点でケアマネジャーをとらえると、こうならざるを得ない側面があるのは否定できません。しかし、介護保険制度の目的を見失うことなく、自立支援と尊厳保持とは何かを常に追求しながら利用者を支えるケアマネジャーが多くいたのも事実です。認知症の高齢者や重度要介護者が在宅生活を継続することがめずらしいことではなくなったこと、地域

※側注のPointは講義のPoint番号に照応することを示す

活動を担う住民等からの問い合わせや相談が多く聞かれるようになったこと、虐待に関する相談件数が増えたこと、これは、多くのケアマネジャーが全国各地で真摯にその役割を担った結果と言えるでしょう。

では、なぜ本来の目的が忘れられているかのような批判があとを絶たないのでしょうか？　これは、制度創設時の状況が大きな影響を及ぼしているように感じています。制度施行に向けて創設時は、相談援助業務や連携のための調整・交渉などの知識や技術を取得する機会がほとんどなく実務につかなければならなかったケアマネジャーが多くいたのが実情でした。保健・医療・福祉の専門職がケアマネジャーの基礎資格となっていますが、これらの知識・技術と、相談・調整・交渉に関する知識・技術はイコールではありません。

サービスをまわしていく当面の目標のなかに身を置き、煩雑な業務と度重なる法改正や報酬改定で、目的を確認していくという作業がおろそかになったことも考えられます。実際、「どうケアプランをつくるか」「報酬改定や実地指導にどう対応するか」という目の前の目標を達成するための研修が多く開催され、そんな内容の研修は常に参加者があふれていたように記憶しています。

介護保険制度の創設時からその渦中に身を置いてみて感じたことがあります。それは、目的は見えにくく見失いやすいものであるため、常に認識する必要があるということでした。そして、目標は、目的を確認したうえで常に軌道修正するよう心掛けていかなければ、目的と目標が混在したり、目標のための目標になったりすることがあるということです。

第2講　何を目指すのか

・実践の渦中に身を置くと、ともすれば目的を見失ったり、目的と目標が混在したりしてしまいがちになる

利用者のケアプランにも同じことが言えますが、これらは、気をつけていなければ起こりがちなことで、しかし、その渦中にいると意外と気づかないものかもしれません。

# 2 スポーツのチームにおける目的と目標のとらえかた

## (1) カナダのアイスホッケースクールにみる目的と目的意識のもち方

　十数年前の話になりますが、筆者が体験したカナダの田舎町のアイスホッケースクールを紹介します。

　避暑地であるその町には、ロングバケーションの季節になると国内外から年齢・性別を問わず多くのプレイヤーが集まり、スクールに入学します。日本でいうと、進学塾の夏季講習のようなスタイルです。カナダの国技であるアイスホッケーのスクールはこのような形式で国内各州に存在し、プロのプレイヤーがオフシーズンに出身州のスクールに出向いて直接指導することもあります。

　10以上ある各クラスは、1週間で1つのプログラムが修了するようにスケジュールが組まれ、プレイヤーはクラスと期間を自分自身で選択することが可能です。クラスの基準は、おおまかな年齢の目安はあるものの、習得したいスキルに合わせて設定されていて、選択は本人の意思に委ねられています。ですから、氷上に立つのがやっとのクラスにちょっと大きめの子がいたり、高校生から大学生レベルの

クラスにナショナルチーム候補の女子選手がいたり、メンバー構成はバラエティに富んでユニークです。自分自身の目的に合わないクラスと感じた場合は、翌週からクラス替えも可能です。ここでは、個人の目的ありきなので、傍から見ると年齢的に浮いているプレイヤーがいても、そのことによって差別的な扱いを受けるようなことはありません。

1週間のメニューでは、1日2～3回程度の氷上練習と氷上以外のトレーニングがありますが、その間にこまめにミーティングが入っています。ミーティングでは、「今日の練習では何を教えるか、それはどんなプレイができるようになるための練習か」を伝えられます。必ず、「ゲーム中このような場面で使う方法」などの説明があり、なぜその練習が必要であるかイメージを強めることもできます。

練習前にその内容と目標が設定されるため、自分自身がチャレンジしなければならないことが明確になります。必然的に手抜きや言い訳ができない状況に置かれ、プレイヤー同士でも「それは違う」「こうしたほうがよい」という言葉が容赦なく飛び交いますが、果敢にチャレンジすると、何が良かったか具体的なプレイ内容をほめ合うこともあります。多くのコーチが指導にあたっていますが、コーチによってアドバイスが異なるということがほとんどありません。

このスクールは、目的について共通認識をもつことができれば、属性や期間を問わず、集団としてある程度機能するということを証明していました。そして、目標は、その設定根拠を理解し、これも複数の人が共通認識をもつことでその達成度に格段の差が出ることも体験することができます。

・カナダのアイスホッケースクールでは、個々人の目的と目標が明確なため、短期間であっても高い成果を上げることができる

## (2) プレイヤーと所属チーム

　スクールが終了すると、それぞれの町に帰って所属チームでプレイします。どの年代も、所属チームをいくつも渡り歩いているプレイヤーが多いことに驚きました。何を目指しているチームであるか、そして、そのチームで自分の能力やスキルを最大限生かすことができるか、プレイヤー自身にとってその両者のマッチングがよいチームを常に探しているようにみえました。

　日本では、チームを去るということに対してネガティブな印象がつきまといがちです。日本はどんなスポーツも、プロ・アマチュア問わず長い期間同じチームに所属することが多く、試合に出ることなく終わるプレイヤーもいるということに、スクール参加者やコーチは「信じられない」といった様子でした。チームを転々とすることに対しての評価が高くないことが理解できないようです。チームに所属していながらプレイヤーとして役割を果たせないことのほうが、チームにとってもプレイヤー自身にとっても裏切りである、そのような考え方が常識になっている印象を受けました。

　このような考え方を知ると、「これだけ個人主義で、チームプレイが可能なのだろうか？」と疑問に思いましたが、それは取り越し苦労でした。彼らは、1週間の即席チームでもシステムプレイを行うことが可能です。プロチームのスカウトが見学に来ているなど状況に応じてアピール度合こそ異なりますが、自分のポジションに与えられた役割をしっかりこなしていました。彼らは、氷上でもそれ以外でもよくケンカをしていましたが、どんな場面におい

・カナダのアイスホッケースクールでは、即席チームであってもシステムプレイを行うことが可能であった
▶ Point ❶ ❷

ても、いさかいも含めてとてもコミュニケーションの回数が多いように感じました。そして、試合になると、チームとして、システムとして機能するのです。

　国民性や文化の違いもあるでしょう。「チームのために、ずっとこのチームで……」という話は、もちろんゼロではないと思いますが、少なくとも美談として聞くことはありませんでした。現在、日本のスポーツ界において、個人競技では世界レベルで活躍するプレイヤーが多くいます。しかし、団体競技では苦戦しているような印象を受けます。それには、競技人口や育成システムなどさまざまな要因があると思いますが、チームやチームワークに対する考え方も要因の1つのような気がします。仮に、チームに対して「自己犠牲」的な考え方が根底にあるとするならば、「何を目指すのか」の「何」が集団を維持することに主眼が置かれて、どんなチームづくりをして、当面何を目標にしていくかは二の次になるでしょう。それでは、チームとしても個人としても、競技そのもののレベルアップは非効率的になるはずです。

　また、日本には「あ・うんの呼吸」という言葉もあり、言わずとも理解できることに対する評価が高い傾向があります。集団維持が目的であれば、衝突を避けるために、さらにコミュニケーションの量が減り、何を目指すのかを共有する機会がどんどん失われていくことも考えられます。

- 日本の団体競技が世界レベルで苦戦しているのは、チームやチームワークに対する考え方に要因があるのではないか
▶ Point ❸

## (3) 選抜チームにおけるチームと目的

　『ザ・チーム　日本の一番大きな問題を解く』で

は、チームについて下記のように述べられています。

　わたしがいうチームとは、オリンピックのサッカーなどのチームと同じでもあり、違ってもいる。それは異質な人間がある目標を実現するために熱意を持って助け合う組織のことだ。ここが見落とされている点なのだが、チームは単なる人の集まりであるグループとは違う。

　あるトーナメントや大会参加のために結成されるナショナルチームや地域の選抜チームのメンバーは、その多くは、ふだん敵として戦っているプレイヤーです。しかし、日常的に時間をともにしないメンバー同士だからチームプレイが成立しないかと言えば、そうではありません。
　限られた期間のなかで、選抜メンバー相互の強みを活かし弱みをカバーし合い、共通理解された方針や戦術によって、チームが掲げた「優勝」「ベスト4」などの目標に向かって戦います。選抜メンバーは、ふだんプレイしているチームで採用されていない戦術や、いつもは求められていない役割を期待されることもあるかもしれませんが、基本的にはチームの方針に従って合宿を過ごし、試合に臨みます。
　個人のスキルや戦術の理解以前に、「どんなチームを目指しているか」、その目的について共通認識をもつことが必要です。「なぜその戦術がとられているのか」「どうして自分がこういうプレイを求められているのか」に納得できないと、その納得のいかなさが手抜きや足の引っ張り合いという形で練習や試合に表れてしまうこともあり、それはチーム全

・ナショナルチームや地域の選抜チームでは、目的の共有がより一層重要になってくる
▶ Point ❶ ❷

体のモチベーションに影響する場合もあります。選抜チームのように異なる要素を持ち合わせた集団による短期決戦では、この目的を理解することに時間をかけることが難しいシビアな状況であるため、目的を共有できないプレイヤーは試合に参加できない、メンバーにも選出されないということになっていきます。選抜メンバーというのは、単に競技のスキルが優れている、首脳陣の好みである等の理由で選ばれるわけではないのです。

　では、チームで行う競技は、控えめな人格者で、どんなことにも合わせていけるプレイヤーがよいかと言えばそうではありません。チームプレイは自己主張を控えるべきというような印象をもたれる場合もありますが、選抜チームで活躍する優秀なプレイヤーは自己主張をしっかりする選手がむしろ多いと思います。優秀なプレイヤーは、能力やスキルが優れているだけではなく、チームの目的や目標をしっかりと理解しているため、時には喧嘩になるくらいの主張ができるのでしょう。短期間の目的や目標が明確になっている集団なので、「何を目指すのか」に対する理解が促進されているほど、思う存分、いわゆる課題遂行に向けての役割に徹することができます。

・優秀なプレイヤーは能力やスキルだけでなく、チームの目的や目標をしっかりと理解している
▶ Point ❶

## (4) 選抜メンバーが所属チームに戻ったとき

　しかし、選抜チームで活躍できる優秀なプレイヤーも、自分が所属するチームに戻ると少し勝手が違う場合があるかもしれません。

　日本の組織は、いつからかはわからないが、イノ

ベーションが止まっているように見えた。何かを解決する、何かを生み出すための組織ではなく、与えられたこと、決められたことを間違いなく処理するための組織、何かを守るための組織になっている。
　　　　（『ザ・チーム　日本の一番大きな問題を解く』より）

　近年の日本は、少子化による競技人口の減少、多様な競技の選択肢、一定レベルのチームではスポンサーの問題等により、チームをどう存続させていくことができるかが、チームの目的の前に大きな壁として立ちはだかっていることが多い印象を受けます。また、「出る杭は打たれる」「郷に入っては郷に従え」等、組織ありき、横並びの文化が根強く残っていますので、純粋にプレイの向上や勝敗にこだわる意見を主張すると「我が強い」「チームの和を乱す」などと言われることもあるでしょう。
　組織の存続ではない、チームとして何を目指すかという目的が共有されていれば、このような批判は最小限にできるのかもしれません。しかし、選抜チームに選ばれるプレイヤーは、所属チームでは多くの側面において優れていることが多いため、キャプテンの役割が与えられ、リーダーやマネジャー的役割までも行わざるを得ないことがあります。

- すぐれたリーダーは、よりよい未来に向けて人々を一致団結させる。普遍的なことを発見してそれを活用する。
- すぐれたマネジャーは、部下一人ひとりの特色を発見し、それを有効に活用する。
（『最高のリーダー、マネジャーがいつも考えているたったひとつのこと』より）

選抜チームのように人材が豊富であれば、それぞれの強みを活かしたプレイはもちろんのこと、リーダーやマネジャー的役割の機能分化が比較的容易です。しかし、人材不足の状況に置かれると、特定の人間がプレイヤーからリーダー・マネジャー的役割まで担うことになるため、チームとしてのバランスが悪くなり、チームの機能不全が起きます。特に日本の文化はまだ所属欲求が強い傾向がありますので、チームは自分自身の安全な居場所確保のための集団維持が目的となります。これでは、競技そのものがレベルアップしていくことも難しいでしょう。

・日本文化は所属欲求が強いため、チームは集団維持を目的としがちになる
▷ Point ❸

## 3 利用者中心のチームで何を目指すか

　85歳の信夫さんは、10数年前に妻に先立たれ、子どもがいないため、公営住宅で一人暮らしをしています。入院時などは遠戚の方がお世話をされ、日常生活は要支援2の認定を受けて訪問介護の生活援助を利用していました。ある時期を境に、遠戚に攻撃的になる、お金がないと大騒ぎになり頻繁に公的機関を巻き込む等、腰痛悪化と認知症の進行と思われる症状が顕著になりました。筆者は要介護認定の変更申請をきっかけにかかわることになりました。
　信夫さんは30年前から今の公営住宅に住んでいてつましい生活を続けていますが、サービス付高齢者住宅等で一生暮らしていけるだけの貯蓄がありました。ケアマネジャーとして担当した当初は、「いつもお金にまつわることでトラブルを起こす困った信夫さん」について、「私はこんなことで困ってい

る」「そんなこと言われてもうちではこれ以上無理です」「信夫さんのことどうにかしてください」と自分たちの困りごとを理解してもらうためにそれぞれ声を大にするケアチーム、信夫さんはそんなケアチームのメンバーの背中に向かって「お金が心配！」と訴え一人奔走している、そんな様子にみえました。

　ケアマネジメントを開始し、事業所と連絡調整等を行うなかで筆者が特に意識していた点は、以下のとおりです。

- 訪問等は、必ず他のサービス事業所等も同席できるよう調整する。その際には、必ず意図的に「本人の願いや希望」を本人から引き出してから面接をはじめる。
- 各事業所等への連絡等の際は、必ず「本人の生活に対する意向」を本人が使った言葉で伝えてから、本題に入る。
- 約2年程度をかけて終の棲家を調整していきたいというケアマネジャーとしての方向性を繰り返し伝え、それに向けての進捗状況は頻繁に連絡する。
- 各事業所等の対応困難時となる状況を常に想定して、「本人が〇〇と言った（行った）ときは△△（方法）で◇◇（だれ）に連絡してください」と頻繁に連絡を入れる。
- 本人の口から出た事業所等に対する感謝の言葉を必ず入れる。

・ケアマネジメントを行うなかで、利用者が主人公になるように目的と目標を掲げ、チーム内で共有できるようかかわっていった
▶ Point ❶ ❸

支援開始時と3か月後の変化は図表2-4のとおりです。

|  | 支援開始時 | 3か月後 |
|---|---|---|
| 本人 | ・ここは長いこと住んで慣れているから、ずっとここにいたい。<br>・お金が足りるか心配。お金のかかることは遠慮したい。<br>・（遠戚の）顔も見たくない。病院にも来ないでほしい。 | ・ベッドを借りておかげさまで腰が楽になった。<br>・せっかくだから長生きしたい。<br>・年をとったら（施設や病院に）入らなければならないね。<br>・（お金の心配がないならデイサービス等に）出かけてみようか。 |
| 遠戚 | ・一人暮らしは無理。<br>・1日も早く施設に入るべき。<br>・貯蓄があるのに使わないケチな人。<br>・もっとサービスを利用すべき。 | ・みなさんのおかげで本人はどうにか一人で暮らすことができている。<br>・本人はどうしたら施設に入る気になるかしら。<br>・サロンに行っているなら、そのうちデイサービスにも通ってほしい。 |
| PSW | ・受診日時を間違うので受診介助が必要。<br>・清潔保持ができない状態で独居は難しい。 | ・今のところ受診に関して問題ないが、同じことが起こらないよう早めに手を打っておいてほしい。<br>・以前に比べて身ぎれいになっているが、独居はぎりぎりの状態。 |
| MSW | ・入院時保証人や検査結果を説明するためのキーパーソンをしっかり確保してほしい。<br>・治療経過は個人情報なので、本人の受診に同席してもケアマネジャーや事業所には説明できない。 | ・遠戚の方であれば、受診時の経過報告は可能。 |
| 地域包括支援センター | ・お金がなくなった、盗られたと頻繁に役所や郵便局に行く。<br>・遠戚といつももめている。<br>・ヘルパー以外のサービス利用拒否。 | ・自立支援事業開始まで必要に応じた支援を行いたい。<br>・第三者から本人に伝えるほうが効果的な場合はその役割を担いたい。 |
| 訪問介護 | ・転びやすく歩行も不安定になった。<br>・物忘れや勘違いが多い。<br>・お金の訴えが多く対応に苦慮。<br>・遠戚に対して攻撃的。 | ・本人なりに計画し下着等も購入するようになった。<br>・本人、サロンで楽しそう。<br>・ちょっとしたアクシデントで家事の手順がわからなくなるので心配。 |
| 日常生活自立支援事業 | ・利用希望者が多く順番待ち。<br>・多額の現金や貯蓄を扱うことが想定されるなら利用対象として妥当か？ | ・必要があれば弁護士さんと相談しながら、事業の範囲内でできることを支援していきたい。 |

| | | |
|---|---|---|
| ショートステイ、デイサービス | ・本人が拒否しているのなら、こちらから無理に誘うことは難しい。 | ・本人が無理なく利用できるよう、送迎や利用時間帯に配慮したい。 |
| 弁護士 | | ・金銭管理の契約開始。<br>・必要時の後見人申請支援、将来的には遠戚との関係修復を目指して支援。 |

**図表2-4　支援開始時と3か月後の信夫さんとケアチームの変化**

あらためて振り返ると、信夫さんのゆるぎない生活に対する意向や言葉が、チームの目的を明確にしました。信夫さんがチームのリーダーとしてその役割を果たせるよう、支援者が後押しするだけで支援の方向にこれだけの変化が訪れました。目的がはっきりしたならば、あとはその目的がぶれないよう繰り返し共通認識をもつ機会をつくることです。そうは言ってもチームの構成メンバーは自分たちが安全であることを求めますので、マネジャー役はそこに対するフォローに決して手を抜いてはいけないと考えます。そして、マネジャーはチームの各メンバーが役割を遂行するために、それぞれの強みと成功について承認することを忘れてはなりません。

チームがまとまりすぎていると、突然ケアマネジャーが舵取りをしようとしても、それまで自分たちの支援に疑問をもつことがなかったために、早い変化は望めなかったかもしれません。チームがうまく機能するためには、仲良し集団をつくらなければならない、ということではないのだと思います。

ケアマネジメントの支援においては「私は当事者が言いたいことに本当に耳を傾けているだろうか？」(『ピープルファースト：当事者活動のてびき』より) ということに常に立ち返ることが、チームの方向性を示し、連携を深めていくことになると

・クライアントの生活に対する意向や言葉を尊重することで、チームの目的が明確になった。マネジャー役は目的がぶれないように共通認識をもつ機会を繰り返しつくることが重要である
▶Point ❶❸❹❺

考えています。

参考文献
1）バッキンガム，M．最高のリーダー、マネジャーがいつも考えているたったひとつのこと．加賀山卓朗訳．東京，日本経済新聞社，2006，315p．
2）齋藤ウィリアム浩幸．ザ・チーム　日本の一番大きな問題を解く．東京，日経BP社，2012，256p．
3）ウォーレル，B．ピープルファースト：当事者活動のてびき．河東田博訳．東京，現代書館，2010，198p．

# 第3講
# 力を合わせる

> **Point**
> ❶チームワークを成功させるにはチームづくり（チーミング）が重要である
> ❷素晴らしいメンバーが集まっただけではチームワークはうまくいかない
> ❸チームづくり（チームワーク）では構成員の能力と限界を知ることが重要である
> ❹他職種の理解を得るには、まず情報発信することが大切である
> ❺チームを運営する際にはルールと役割分担を定めることが重要である

## 1 自分の能力と相手の能力

### (1) チームづくりが実質的に重要な技術

　チームワークとは、「同じ目標に向かって、異なった能力をもつ者たちが、知恵と力を合わせて協働すること」です。知恵と力を合わせることは、チームワークの中核技術とも言えるでしょう。

　自分1人ではできそうもない場合にはほかの人の力を借ります。一方、自分だけでできる仕事をわざわざ集団で行うと、効率が悪いし、ストレスも高い活動となってしまいます。

　どんな人とチームを組むのが適切なのか、どのような役割分担をするべきなのかといったチームづくり（チーミング）が、チームワークを成功させるためには実質的に重要な技術となります。チーム構成員が集まった段階で、すでに成功する確信が生まれる場合もあるでしょう。

## (2) 自分とチーム構成員の能力と限界を知る

　しかし、素晴らしい能力をもった者が集まっただけで、チームワークがうまくいくわけでもなさそうです。北京オリンピック時の野球チームは、最高の人材を集めておきながら4位に終わりました。チームを率いた星野監督は、「チームワークを練習する時間がなかった」と弁明しました。集団スポーツを体験した人は誰でも、人材の良さは重要だけれど、積み重ねたチームワークの練習こそが勝利に結びつくことを知っています。

　自分の能力と限界を心得て、チーム構成員それぞれの能力と限界を知っておく必要があります。もちろん、はじめからわかっているというよりも、チーム過程が展開するに従って、互いに確認して調整したり、限界に突き当たって成長したりするのでしょう。自分自身も、こうしたチーム活動のなかで新たな自分を発見し、隠されていた能力を発現します。こうして、チームワークそのものにゾクゾクする面白さがあるのです。

　いずれにせよ、チームワークをしようとする者自身が自分なりの能力や得意技をもっていないと、チームの仲間として認めてもらえません。同時に、自分の限界を知って、ほかのチーム構成員を尊敬できないと、力を合わせることができません。

# 2　多領域の多職種

## (1) 多職種が参加する意義

　医療保健福祉など対人サービスの領域におけるチームは、多領域に広がる多職種で構成されるのが一般的です。むしろ、1つの職種だけでは患者やクライアントの要望に応えられないことが明らかなので、多職種構成のチームが求められてきたのです（図表3-1）。

　外傷や感染症という急性疾患が中心の医療場面では、論じるまでもなく医師の命令に従って動くことが有効で、あえてチームワークは問われません。しかし、慢性疾患が中心の現代社会となると、人々は病気や障害を抱

**多様なニーズに応える多様な力**

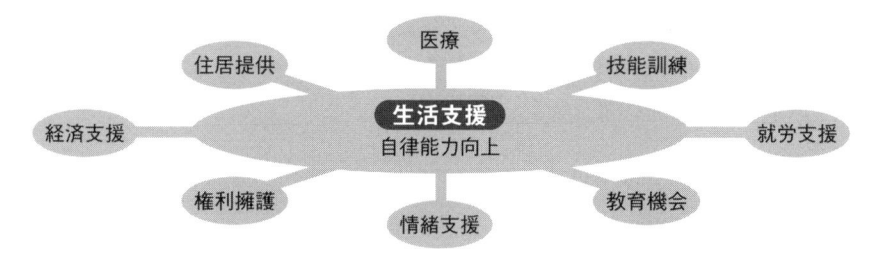

```
          医療
住居提供        技能訓練
     生活支援
経済支援  自律能力向上  就労支援
  権利擁護    教育機会
       情緒支援
```

互いの能力と限界を知る　　　　　　　知恵と力を合わせる

**図表3-1　医療保健福祉におけるチームワークの必要性**

えて地域社会で生活を続けます。専門職たちは、病気だけを相手にするのではなく、生活や人生を支えることが求められます。生活とは健康だけでなく、住居、食事、仕事、金銭、友人、生きがいなど、実に多様な要因で構成されています。だからこそ、多領域の多職種の力を合わせる必要が出てきたのです。当然、病気や障害をもった当事者も、自分の人生に責任を負わなければなりませんので、チームの重要な一員に数えられます。もちろん、医師の方針だけで全体の活動が定まるわけではありません。

## (2) 自分たちの職種の機能、他の職種の機能

　医療は、〈病院内の急性疾患治療を想定した職種の役割分担〉から、〈地域社会で慢性疾患を抱えた人を支援する状況での役割分担〉へと変わる必要があります。医師と看護者との関係に象徴される従来の分担も、単にわが国の医療のこれまでの歴史を反映しているだけで、実は国によって機能分担のあり方はさまざまです。

　医療関係のすべての職種が集まって、自分たちの職種の機能は何か、他の職種はどう見えて、何を期待しているかについて、さまざまに議論した経験をお伝えします。「ジョーハリの4つの窓」に似せて整理しました（図表3-2）。「自分たちは知っていて周りは知らない機能」について、医師は最終責任、看護師はセルフケア教育、ソーシャルワーカーはアドボカシー、作業療法士・理学療法士は作業分析、臨床心理士は認知行動機能査

## ジョーハリの4つの窓※に似せて

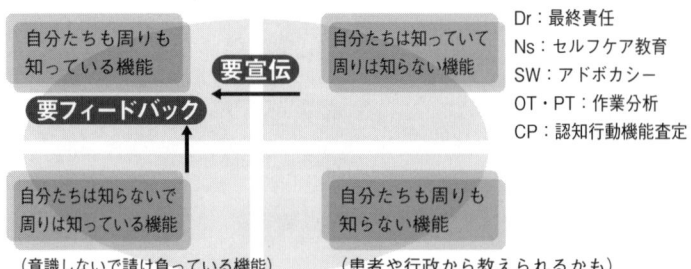

|  | 自分たちも周りも<br>知っている機能 | 自分たちは知っていて<br>周りは知らない機能 |
|---|---|---|
|  | ← 要宣伝 |  |
|  | ↑ 要フィードバック |  |
|  | 自分たちは知らないで<br>周りは知っている機能 | 自分たちも周りも<br>知らない機能 |

Dr：最終責任
Ns：セルフケア教育
SW：アドボカシー
OT・PT：作業分析
CP：認知行動機能査定

Dr：権威的存在
Ns：秩序を支える
SW：医療外の視点
OT・PT：院内パイプ役
CP：意外な視点

（意識しないで請け負っている機能）　（患者や行政から教えられるかも）

※心理学者のジョセフとハリスが考案したもので、対人関係から見た自分を4つの窓で表現した

**図表3-2　各職種の機能**

定をあげました。逆に、「自分たちは知らないで周りは知っている機能」について、医師は権威的存在、看護師は秩序を支える者、ソーシャルワーカーは医療外の視点を入れる者、作業療法士・理学療法士は院内のパイプ役、臨床心理士は意外な視点をもち込む者と指摘し合いました。この作業を終えた後の話し合いでは、職種が異なると互いの機能を意外に知らなかったという正直な感想になりました。互いの得意技と限界をもっと知るべきでしょう。

しかし、専門職種としてできあがった後で互いを知り合うことの難しさを、つくづく感じています。そこで最近では、養成課程において学生同士が協働で学習する機会を設けるという、インタープロフェッショナル教育（IPE）が始まっています。そこでチームワークに関する価値、倫理、知識、技能などが教えられるのです。

# 3 連絡－連携－統合

チームワークや連携に関する不満は、「自分たちのことを理解してくれない、自分たちを有効に利用していない」という場合が多いと推測します。しかし、人は相手のことをそれほど知らないし、知ろうとするゆとり

```
  連絡              連携             統合
┌─────────┐    ┌─────────┐    ┌─────────┐
│ 別個の組織 │    │ 異なる組織 │    │ 一つの組織 │
│随時の情報交換│────│定期的な業務提携│────│恒常的なつながり│
│点 コミュニ │    │線 コーディ │    │面 インテグ │
│ ケーション │    │ ネーション │    │ レーション │
└─────────┘    └─────────┘    └─────────┘
```

**図表 3-3　連絡 - 連携 - 統合**

をもっていないのが現実です。

　連携活動の前に、自分が何をしていて、何に困っていて、何をしたいと思っているのかなど、最初から見返りを求めず、まずみずからの情報発信、すなわち連絡を行うことが大切です。ほかの人々は、そこで初めて「その人」を発見するのです。

　次に、事例の状況変化が生じたとき、新しいプログラムや活動の際に声がかかり、チーム活動が開始されます。その活動によってさらに互いの理解が進むことになり、初めて有機的な連携が成立するのでしょう。

　ことさら会議を開いたり、マニュアルを確認したりしなくても、息を合わせるように活動できる統合されたチームに至るのは、長年同じメンバーで苦労をともにしてきた場合など、非常に限られているように思えます（図表 3-3）。

　実際には、ある集団が連携を目指して、時間を費やし、議論を重ね、目標やルールを定めていく途上にある時が一番良いチームであるように感じます。できあがって安心しているチームは、自分たちにとっては楽な環境でも、患者やクライアントの要望には応えていないという事態を発見して、唖然とします。チームは生き物のように、動き回って新陳代謝しているあいだだけ、外界に適切に反応するのでしょう。

# 4 ルールと役割分担

　チームを運営する際に重要な要素として、共通する目的と目標、人材の選定と教育、互いのコミュニケーション、それを保障する場などがありま

す。

　これらを具体的に定めているのは、チームが有する規定やルールです。文章化されていることもあれば、暗黙の了解のままになっていることもあるでしょう。

　チームや連携に求められる機能は、その集団の目的を遂行することのほかに、その集団を安全に維持することでもあります。そのうちの一方を強調しすぎると他方が動きません。この2つの機能を果たすためのルールも必要です。

　おおまかなルールは文章化して共有するにしても、日常的な細かい活動まで規定されてしまうと動きがとれません。チーム構成員を信頼する態度も大切です。またどの程度まで規定するのか、ルールを柔軟に変更するための規定も必要でしょう。

　強力なリーダーがまとめている場合は、リーダー自身が不文律となって非常に有効です。しかしその分、チーム全体が成熟しない理由となることも多く、それまで体験していない危機のときや、リーダー喪失の際に、改めてチームワークが問われることになります。

引用・参考文献
1）前田信雄．保健医療福祉の統合．東京，勁草書房，1990，300p．
2）McNair, RP. The case for education health care students in professionalism as the core content of interprofessional education. Med Educ. 39(5)，2005, 456-64.
3）大谷京子．職種の役割と多職種連携．精神障害とリハビリテーション．12(1)，2008, 34-9．

【実践事例】
# 多領域の専門職との連携

地域生活支援センターひらいずみ
**小笠原隆**

## 1 はじめに

　私の実践の原動力は、野中先生から学んだケアマネジメントの技術です。特にケア会議の技術は、岩手県の障害領域の研修講師を担う「チーム岩手」（先生からいただいた名称）の人材育成のために、早くから教えをいただきました。平成24年度は、今までの学習の振り返りも兼ねて、1年間の研修計画をお願いし、引き受けていただきました。野中先生から学んだ技術は、福祉領域はもとより、普段の暮らしに活かす技能にするために「実践知」を重ねていくことだと思っています。

　本稿では、野中先生の教えを原動力としながら成長してきた私自身の実践を基礎編・実務編・応用編に分けて紹介し、本講のテーマ「力を合わせる」を考えていこうと思います。

## 2 専門職への思い

　現代の対人サービスは、病院や入所施設の中でサービスを受けることより、その人らしく住み慣れたところで暮らしていくことが求められています。対人サービスは、限られた空間でのサービスから、暮らしの生活圏域全般にわたる支援が必要になってきたのです。そのため、一人で支援できることは限

られ、社会的参加などが制限された部分に、必要な支援を多様な形で提供していくことになります。

　ここに多領域にわたる専門職の活躍が期待されることになります。専門職は、利用者の求める多様なニーズに応えていくための連携について、力を合わせていく具体的な手立てを問うていくことが必要になってきています。

## 3 対人サービスの現状から求められる専門職とは

　恥ずかしいのですが、私は福祉事業所に入職してから野中先生に出会うまで、確かな技術を学ぶことがありませんでした。実践の場では、先輩たちが重ねてきた経験知からの学びがほとんどでした。「OJT」も名ばかりでした。理論形成がないまま「わたくし流」を伝えられることが多く、疑問を抱くことばかりでした。「OFF-JT」も講義形式が多く、実践で使える技術を学べることはほとんどありませんでした。入職してからずっとこの現状に思い悩みながら、利用者にサービスを提供してきました。いつのまにかたどりついたのは、「利用者と一緒にいることが一番大切なことなのだ」という思いでした。この言葉を努めて自らに言い聞かせてきました。

　今は、介護保険のサービスのみならず、障害福祉においてもケアマネジメントの手法が導入され、利用者主体を中心にした専門職のサービスの技術が問われる時代になりました。専門職は、ケアマネジメントにかかる技術と技能を求められると同時に、提

※側注の Point は講義の Point 番号に照応することを示す

供したサービスの評価もされるようになりました。

　技術は、科学的根拠をもつ理論を応用して人間に役立つよう実用化していくことです。一方、技能は、技術を使いこなす技量や能力であると言われています。この両者をもつことが、他の専門職との連携に欠かせなくなりました。私が以前に思いついたような、利用者と共にいることの実感をもつだけでは、利用者の良き伴走者とは言えないのです。専門職としてのエビデンスと説明力が必要になってきたのです。

## 4 実践から学ぶ

### (1) 基礎編：チームづくりから連携を学ぶ

#### ワーキンググループの活動から

　行政は、担当する領域のニーズに応える方向性を示し、計画を推進する重要な役割を担っています。岩手県では、数年前に施設からの地域移行を進めるために、行政主導のプロジェクトチーム「個別支援計画作成ワーキンググループ」（以下「WG」とする）が結成されました。

　プロジェクトを推進する行政は、施設から地域移行したい利用者の希望に応えるべく、必要なメンバーを集めました。どこかケア会議の構成員を決めるのと似ているところがあります。WG の構成員は、私と同じ知的障害者施設、相談支援関係者、通所事業所（就労支援）、行政等を中心に、協力者として大学関係者（精神科医、PSW）などとも連携してい

・行政主導のプロジェクトチーム「個別支援計画作成ワーキンググループ」が結成される
▶ Point ❶

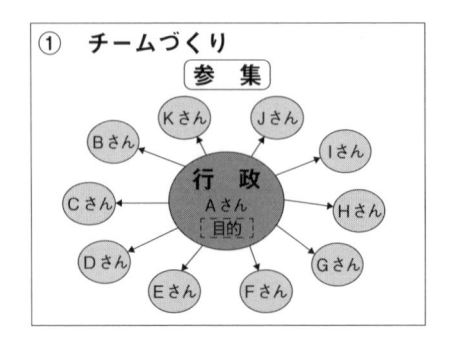

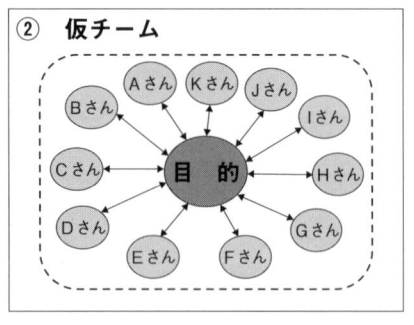

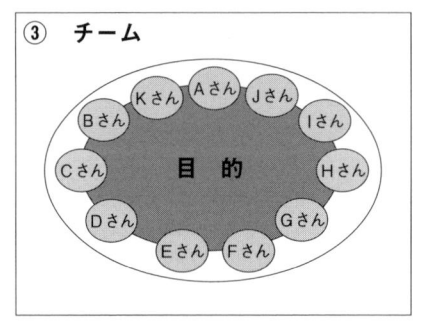

**図表3-4　基礎編**

きました（図表3-4　基礎編　①チームづくり）。
　連携が機能的に働くには、WGのようなチームが重要であり、活動力となるチームワークの質が問われます。WGの成り立ちを見ていけば、基本的な連携のあり方を考える機会になると思います。WGには次の目的がありました（図表3-4　基礎編　②仮チーム）。
① 利用者の希望や願いを聞いて作成する共通なツールとなる個別支援計画書を開発する。
② 利用者を中心にした医療福祉サービスの技術を習得する。
③ 構成員の事業所をはじめ、地域で技術の実践をしながら、利用者に受け入れられる個別支援計画が提供できるようになる。

WGでは、利用者主体について、理屈や頭の中で考えられがちだったことを具体的な取り組みにしていきました。所属機関の中で仕事をしてきたWGの構成員（以下「メンバー」とする）には、いろいろな意味で大きな課題を突きつけられる内容でした。特に利用者主体の実現は、支援者側にとって、自分も組織も変化を求められるのではないかという不安がありました。利用者中心主義と言いながら、サービスは、「支援者側を中心にした仕事が一番やりやすい」という実態が根強く残っていたからです。

　さらに、WGは、初めて出会う人たちがほとんどだったことも不安をもたらしました。全員が転校生として集まったようなものです。集められたメンバーは、転校生同士の不安定な関係とこれまでの自分を変えていかなければならないという2つの不安をもちながら、課題と向き合うことになりました。

　このため、メンバーの連携が機能的な働きをするまでには、いくつもの困難を乗り越えていかなければなりませんでした。例えば、意見の食い違いや対立関係からメンバーの入れ替わりなども起こりました。チームがまとまっていく生みの苦しみを経験しました。一方では、初めてチームや連携について真剣に考えさせられました。この時期には次のような問題が発生しました。

### 多職種メンバーの連携を難しくする問題

① 他職種や他領域のことを知らないと、所属意識の弊害が発生して、思考が自分たちの利益に偏りがちになる。

② 新しいことを要求される仕事は、いつもの慣

- WGのメンバーが抱えていた2つの不安
  ① 自分も組織も変化を求められるのではないか
  ② メンバーは初対面同士がほとんど
▶ Point ❷

- 意見の食い違いや対立関係からメンバーが入れ替わる
- チームがまとまる「生みの苦しみ」を経験
▶ Point ❷

- メンバーの連携（チームワーク）を難しくさせた5つの要因
▶ Point ❸ ❺

れた関係やいつもの手順で続けたいと思う保守的な考え方とのぶつかりあいを起こす。
③ 相手に対して「わかってほしい」という主張が強くなりすぎて、「わかってあげよう」とする相互的な関係が生まれにくくなる。
④ 意見の食い違いの原因は相手の理解不足だと決めつけてしまい、共通する価値観と目的をとらえる議論を止めてしまいがちになる。
⑤ ①から④も含めて、議論をするうえでのグランドルールがなかった。

　はじめはこうした問題から、メンバー間の連携は十分とはいえませんでした。しかし、このプロジェクトの凄いところは、会議で交わす理解を補う仕掛けがされていたことでした。

　目的を共有するのに妨げになっていた部分は、ケアマネジメント技術を演習で繰り返して学習するうちに小さくなっていきました。さらに、講義や演習を積み重ね、その振り返りを会議で消化していくことで、問題はすべて解消されていきました。こうして、チームはできあがっていきました（図表3-4　基礎編　③チーム）。

　チームのメンバーは、所定の研修を終えると、自身の事業所等で実践を積み重ねていきました。WGは連携の力を得たことで成長し、プロジェクトとしても実績を残すことができたのです。

・チームの活動として設定されていたケアマネジメント技術を学習するなかでチームができあがっていった
▶ Point ❷❹

## 成長したところ（連携の基本）

① ケアマネジメントの技術（特に野中方式によるケア会議の技術）を習得した。
② 実践を継続することで技術力が高くなった。

③ チームの目的とメンバーの志が1つになった。
④ 思考が利用者中心になった。
⑤ 相互に成長し合う関係が築かれた。
⑥ チームとして働く喜びを実感した。

**プロジェクトの実績**

① 障害者相談支援従事者初任者研修の実施
② サービス管理責任者研修の実施
③ 個別支援計画書の作成に係る研修会の実施
④ 個別支援計画策定・ケアマネジメント技量向上のための実地研修の実施
⑤ 岩手県個別支援計画書標準例「私の希望するくらし」と記載要領の作成
⑥ ①〜⑤をとおして、野中式のケア会議の技術と利用者中心主義のサービスについての重要性を伝え続けていること

　一連の実践は、チーム力の向上のほか、個々の技術力を高めてくれました。メンバーは、この技能を活用して地元でも活躍するようになりました。連携の力は、しっかりと人材育成の仕組みや技術の伝承という形で大きな成果を生み出しています。

## (2) 実務編：領域を越えた連携づくりには事例検討会が一番

### 事例検討会で連携づくり

　精神科病院の地域移行は、退院促進事業を担う事業所とサービス提供事業所との二者関係を中心に進

・地域での新しい連携づくりのための仕掛けとして事例検討会を活用
▶ Point ❶

められてきたと思います。それは、地域移行の対象者が、比較的支援の必要性が軽い人から進められていたからです。サービスの拠点同士の関係で、支援がしやすい人たちを優先にしていたとも言えます。私自身もそうだったかもしれません。しかし、そうした人たちの地域移行が終わると、従来の支援関係では退院が難しい人たちが残されました。

この人たちの支援には、所属機関を中心にした関係だけでなく、もっと地域ケアを考えた多職種の専門職による新しい連携が必要になります。しかし、新しい連携は簡単にはできません。なぜなら、支援者は、今までの慣れた関係や手順が変わること、自分や組織も変化を求められたりすることに抵抗感をもつからです。こうした後ずさりをする要因があるため、新しい関係ができづらいのです。このままだと、従来どおりの形式的な仕事を続けていく原因になり、いつの間にか利用者主体の動きも鈍くなってしまいます。どこかで、新しい連携づくりを試みていかなくてはなりません。

そこで、精神科病院の相談員と協力して、病院で事例検討会をしていくことにしました。最初は、関係する事業者の担当者同士、次に同事業者の職員へ広く呼びかけて、事例検討会への理解を広げていきました（図表3-5　実務編　①担当者間の連携、②事業者間の連携）。そこで野中式のケア会議を学び、次の段階で少しでも核となる人を養成していきました。

次は、自立支援協議会の部会を活用しました（図表3-5　実務編　③地域の連携）。部会員は多領域にわたっており、さらに広い連携づくりを学ぶことができるからです。せっかくの機会なので、部会

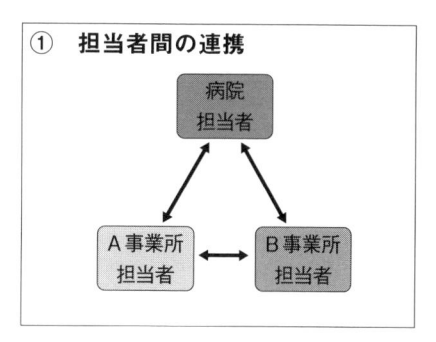

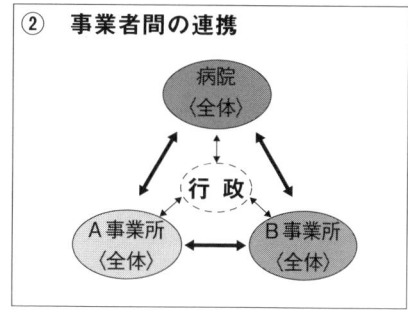

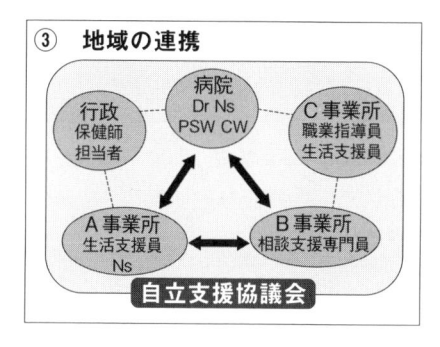

**図表3-5　実務編**

員以外にも参加を促しました。なお、この時から会議は、定期的な開催としています（継続は力なり）。参加者は、各地区の相談支援事業者、社会福祉協議会の職員、社会福祉士会の会員、就労支援系サービスの職員、生活介護系サービスの職員など、少しずつですが地域ケアを担う人たちにも広がっています。

　この活動は現在も進行中です。地域ケアの充実は、多職種の専門職が所属機関の枠を越えたケアチームに参加できるかどうかにかかっています。このチャレンジからは、次のような実務的な連携づくりのポイントが見えてきました。

**ふだんの連携づくりのポイント**

① キーパーソンになれそうな人を見つけておく。
② 協力者とは時々会いながら、連携の軽い地ならしを続けていく。
③ 肩書きの関係は避けて、フラットな関係をつくる。
④ 相手のいいところを見つける。
⑤ 結果を焦らず、待つ力も必要。
⑥ 所属事業所の職員には、他の職場の情報も伝えていく。

**定期的な会議開催により生じた変化**

① 入院者と一緒に看護師・OT（作業療法士）・相談員等がサービス提供事業所を見学する機会が以前に比べて多くなった。
② 関係者が、入院者の退院後の生活イメージを広げて考えられるようになった。
③ 一時止まっていた事例検討の依頼が増えてきた。

　多領域の専門職が連携していくには、こうした地道な努力がこれからも必要だと思います。一足飛びの効果より、お互いを知り合い、一歩一歩の連携づくりこそが大切です。

・ふだんの連携づくりのポイント

## (3) 応用編：ボランティアから地域づくりへ

### 地域づくりに役立つ連携

　ふだんの気負いのないつき合いから、しだいに目的を共有する関係へと発展することもあります。ここでは、一人のボランティアとの関係の変化を紹介し、地域の中での連携を考えてみます。

　私の事業所に歯科衛生士がボランティアで来るようになりました（図表3-6　応用編①）。利用者の口腔ケアに不安を覚えていた矢先のことで、本当に助かりました。ブラッシングの指導や口腔ケアにかかる専門的な基礎研修会もお願いしました。こうした関係のなかで、地域の話題を聞くようになりました。そのなかに、地域の伝統行事を支えていた人が高齢になり、困っているという話題がありました。

　この話をきっかけに、事業所の職員がお手伝いをすることになりました（図表3-6　応用編②）。その後、連携は深まっていき、地域づくりを担うNPO団体の設立にも参加していくようになりました。一人の歯科衛生士のボランティアとのかかわりから、行政職員、会社役員、住職、観光関係者、自主活動団体関係者、町民、学校関係者、医療保健関係者等へと、地域づくりを支えるネットワークが広がりつづけています。来年は、このネットワークに利用者のご家族ともつながる活動を計画していきたいと考えています（図表3-6　応用編③）。

　この活動のなかには、専門職同士の連携にはない、職域を越えた連携の魅力を発見することができます。ボランティアの活動は、利用者にとっても事

・ボランティアのかかわりから連携の輪が広がっていった
▶ Point ❸

・ボランティア活動がもつ魅力は、他領域の専門知識を学べること、専門職の殻を脱ぐことができること
▶ Point ❸

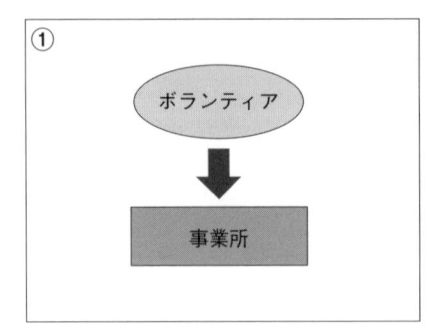

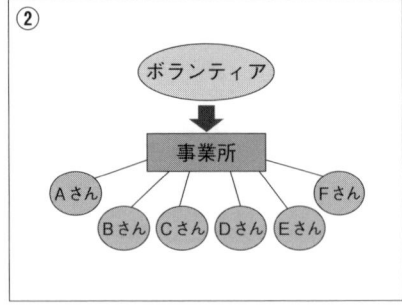

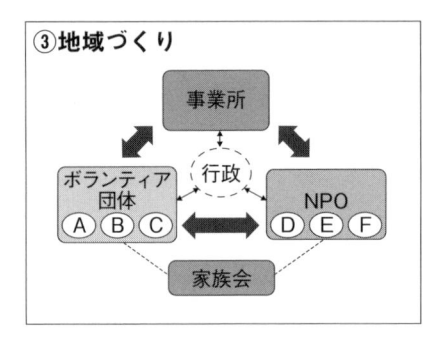

**図表3-6 応用編**

業者にとっても、ふだんでは得られない新鮮なサービスを提供してくれます。ボランティアには、他領域の専門職が参加することもあります。その人たちから、他の職域の専門知識を学ぶなど、ふだん活動している職域では得られない新鮮で豊かなかかわり合いを経験できたりします。ここでは、専門職同士の硬い殻を抜け出したところに生まれる、力まなくてもすむ自然な連携があります。

ではなぜ、個人の取り組みから始まった協力関係が、地域づくりにかかる多様な領域の人たちによる連携へと変化してきたのでしょうか。ケアマネジメントの技術を応用すると、職域を越えたところでも連携に活かせるコツが見えます。そこに、連携の本質があるのかもしれません。そこをまとめてみたい

と思います。
　①　出会いを大切にすること
　②　お互いの魅力を発見していくこと
　③　仕事の領域を越えた関係を苦にしないこと
　④　ゆるやかな関係をもつこと
　⑤　何となく考えていることを話し合えること
最後に、
　⑥　共に勇気の1歩を踏み出し、共に働く喜びを味わうこと

　大切なのは、職域を越えたケアマネジメントの技術を地域づくりに役立てる技能として発揮できるかです。技術は正確に伝えることができます。一方、技能は技術を手立てにしながら、多様性に富む実際の活動場面をとおして磨かれていくように思います。しっかりと技術を身につけて、実際の活動場面で使える技能にしていく。この繰り返しが専門職たる証であり、だからこそ、専門職が目的をもって多領域の専門職と連携すれば、大きな力を生み出すことができるのです。

## 5 おわりに
　　～野中先生に捧げたい～

　2008（平成20）年6月24日は、初めて野中先生と会食をさせていただいた記念日です。盛岡のお気に入りのレストランでした。その時に、『図説 ケアチーム』（中央法規出版）にサインをいただきました。先生は、緊張のあまり自己紹介が吃ってしまった私へ優しく声をかけてくれました。サインには、先生のお名前とサイン日に添えて「愛に」と書かれ

ています。
　先生は、私の未熟な質問にサラサラと答えながらも、どこか凄みや覚悟を兼ね備えていました。言葉は、心に染み込むような情感に溢れていました。私は一遍でお人柄に魅了されたことを覚えています。私には、神様のような人です。先生との出会いから学び続けていることが、今も実践を継続する力になっています。先生の魂が、これからも見守ってくださることを祈りながら、本稿を終わりたいと思います。

# 第4講
# どう伝えるのか

> **Point**
> ❶ 連携やチームワークには一定の仕組みやルールが必要である
> ❷ 組織においては「集団管理上の会議」と「臨床上の会議」の定期的開催が必須である
> ❸ 多職種間で意見交換をする際はプレゼンテーション技術が重要になる
> ❹ 連携の実際ではケアマネジメント技術が基盤となる
> ❺ 連携の実務は徹頭徹尾「交渉」である。交渉技術を磨き「ウィン・ウィン交渉」を目指すべきである

## 1 組織の仕組みづくり

### (1) 会議の仕組みづくり

　連携やチームワークの成果は、互いの知識や技術が交流するところから生まれます。自分の意思や感情を相手に伝えることができなければ、交流が始まりません。各人の表現能力が求められます。

　互いが安全かつ効率的に意見を交換するためには、その組織やチームに一定の仕組みをつくっておく必要があります。何も約束事のない集団のなかで本音を言うのは相当に無理な話です。自分の表現がどのように役立ち、言うとどんな得があるのか、あるいは組織の価値観やルールがどこにあって、それに外れるとどんな罰が待ち構えているのかを知っておきたい。それが納得できなければ、人は表現することを始めません。

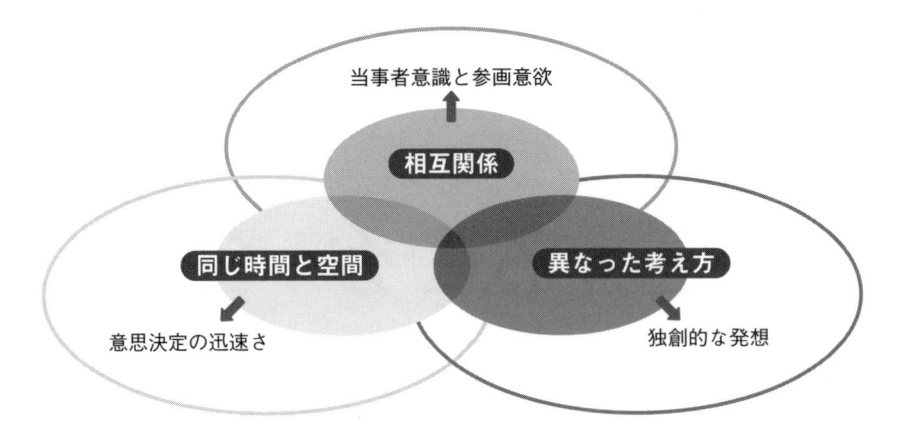

```
        当事者意識と参画意欲
              ↑
           相互関係

   同じ時間と空間      異なった考え方
        ↓                    ↓
   意思決定の迅速さ      独創的な発想
```

異なった考え方をもつ人々が一堂に集まって相互関係が生じるという、会議のもつ特徴によって、独創的な発想が生まれ、意思決定が一気にできて、当事者としての参画意欲をはぐくむことを目指す。

**図表4-1　会議の特徴を生かす**

## (2) 会議の構造

　組織に不可欠な基本的構造は、集団管理上の会議と、臨床上の会議の2つを定期的に開催することです。その構造がリーダーやルールによって了承されている必要があります。逆に、会議の場以外で決まることは無効であるというルールが働かないと、会議が有名無実になってしまいます。

### 1) 集団管理上の会議

　集団管理上の会議（ビジネス・ミーティング）は、労働者である自分たちの集団がうまく機能するための情報交換の場です。使命を確認したり、役割分担を変更したり、集団が抱えている問題を解決したりします。病棟であればひと月に1回程度のペースが適切でしょう。年に1度のチームデイがあってもいいかもしれません。これは、チームづくりを目的としたレクリエーションやパーティーを意味します。

### 2) 臨床上の会議

　臨床上の会議（クリニカル・ミーティング）は、対人サービスの目的で

ある利用者と、提供すべきサービスに関して、専門職として意見交換する場となります。目的によって、インテーク（受理）、アセスメント（査定）、プランニング（計画策定）、モニタリング（追跡）など焦点が異なるし、時間配分も違ってきます。病棟であれば、毎日実施するもの、毎週行うもの、月例で行うものなど、目的に合わせた運営方法を採用します。

## 2 プレゼンテーション技術

　異なった価値観や異なった思考法をする多職種のあいだで意見を交換するためには、自分のもっている情報を他職種にわかりやすく示す必要があります。プレゼンテーションは、多職種連携の時代になって、あらためて学ぶ必要性のある技術です。

　同一職種のなかでは価値観がいっしょで、専門用語1つで話が通じます。しかし他職種との間ではそうはいきません。医師にとっては生命が最大の価値かもしれませんが、ソーシャルワーカーは権利擁護を大切にするし、心理士は心的内面に注目します。使用する言葉が同じでも、意味が異なっている場合さえあるでしょう。

　待合室で「ちょっと待って」と言った際に、どのくらいの時間を想定したかという研究があります。指示した医師、言った看護師、言われた患者の順で、驚くほどの差があります。「近い、遠い」「重い、軽い」も人によってとらえ方が異なります。可能な限り具体的な数字によって伝えるべきでしょう。

　事例提示のレジュメやフォーマットも、職種によって強調点が異なっています。医師では疾病診断と治療方針に焦点が当たるし、看護師では患者行動やケア方針が注目され、ケアマネジャーでは生活能力のほうが重要となります。

　多職種によって行われるチームワークや連携の際には、ケアマネジメント技術が基盤となるでしょう。多職種共通の枠組みとして、「受理－査定－計画策定－介入－追跡－評価－終結」というケアマネジメント・プロセスが、わが国でも介護保険で高齢者に、障害者総合支援法で障害者に

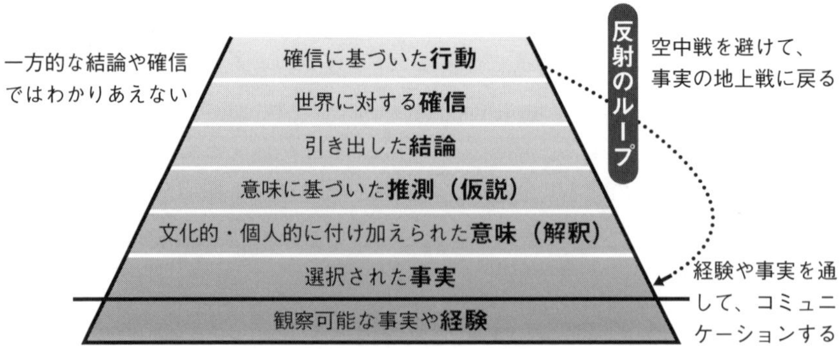
一方的な結論や確信
ではわかりあえない
確信に基づいた行動
世界に対する確信
引き出した結論
意味に基づいた推測（仮説）
文化的・個人的に付け加えられた意味（解釈）
選択された事実
観察可能な事実や経験
反射のループ
空中戦を避けて、
事実の地上戦に戻る
経験や事実を通
して、コミュニ
ケーションする

人とコミュニケーションをとろうとする場合は、経験や事実のレベルで情報を交換することから始める。一方的な結論や確信で議論すると、空中戦になって互いが理解できない。

**図表 4－2　推論のはしご**[文献2）より改変]

採用されています。事例提示においても、家族歴、生活歴、病歴、日常生活活動（ADL）、エコマップ（生態地図）など、共通するフォーマットが利用できます。専門用語を使用する場合は、他職種にも理解できるように解説を加えるべきですし、わからない概念を互いにそのままにしない習慣が必要です。

## 3 コミュニケーションのはしご

### (1) 推論のはしごを外す

コミュニケーションは、ラテン語の「他者と分け合う」という言葉が語源です。チームワークでは、知識や技術ばかりでなく、感情や体験を分かち合います。この際、他者と分かち合う技術が身についていると、余分なストレスにさらされないですみます。

感情や体験を他者と分かち合うときに役立つ「推論のはしご」（図表 4－2）を紹介します。経営学者のアージリスは、人は「事実→意味（解釈）→推測（仮説）→結論→確信」という思考過程をたどって、認知行動上の固定観念を形づくっていると提唱しました。はしごの上段である「確

信」部分で他人と議論をすると、空中戦の水かけ論になり、話がかみ合いません。はしごの下に降りて、「事実」に基づく解釈、せめて仮説レベルで意見を交換すべきです。

## (2) 実際のコミュニケーションでの注意点

　事例検討会では専門用語の使用や総論を避け、日常生活上の具体的な事実を情報として交換します。まるで映画を観るように、事例であげられている人々を描くことがアセスメントであり、具体的で実現可能なサービスについて、誰が、いつ、どのように提供するかを分担することがプランニングです。議論が総論のままでは、実際の行動には至りません。

　有意義な対話が生じるためには、関係の器が壊れないようにていねいに話す（器のなかでは多少の混乱があっても関係は壊れにくい）、相手の話を聴いて保留する技能を用いる、他者の体験を自分のもののように感じるといった技術が求められます。日本人の場合は、関係性を重視するあまり対立を避けてしまう点に問題があるでしょう。そこで、会議が特別な場であると宣言するなど、リーダーの工夫が求められます。

# 4 交渉技術

　ケアマネジメントや連携の実務は、徹頭徹尾、交渉（ネゴシエーション）（図表4-3）の作業となります。サービス利用者あるいは支援すべき人との交渉、その家族や関係者との交渉、医療機関同士や社会復帰施設との交渉、自治体との交渉など、支援のプロセスのあいだ、実に多様な専門職との交渉が行われます。

　交渉の基本は、互いが得をして可能性が広がる「ウィン・ウィン交渉」を目指すことです。一方的に頼み込むことは交渉と呼べません。一方が支配的となる結果や互いの痛み分けというのはゼロ・サム交渉であり、苦労の割に得るものが少ないものです。ウィン・ウィン交渉のためには、相手が求めているニーズを知り、相手にとって新たな意義を見出し、順序よく

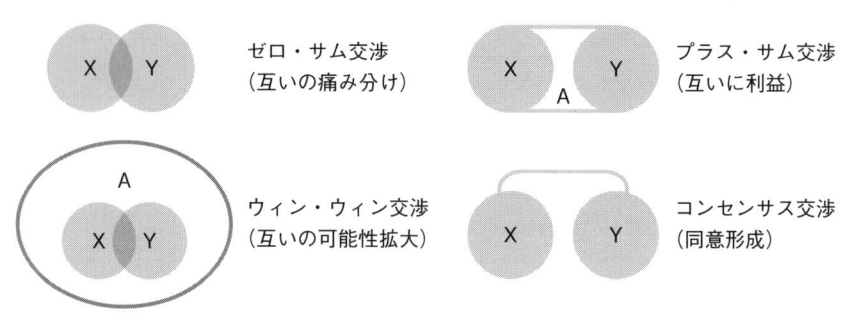

| | | | |
|---|---|---|---|
| X Y | ゼロ・サム交渉<br>（互いの痛み分け） | X A Y | プラス・サム交渉<br>（互いに利益） |
| A<br>X Y | ウィン・ウィン交渉<br>（互いの可能性拡大） | X Y | コンセンサス交渉<br>（同意形成） |

交渉（ネゴシエーション）は、互いの可能性を拡大するウィン・ウィンを目指す。

**図表4-3　ネゴシエーション**

情報を提示し、妥協点を探ることが必要です。人は誰しも傷つくことを恐れ、無意味であることを避けたい一方で、発展したいし、役に立ちたいし、能力を伸ばしたいのです。

　こうした交渉技術のトレーニングのために、ネゴシエーションゲームが工夫されています。小集団に分かれたロールプレイ形式で、目標とする戦略の立て方、情報管理体制、相手の陣容調査、論理を明快にしたプレゼンテーション、タイミングの計り方、信頼関係に基づく説得、冷静さや忍耐力、誠実さやユーモアなどの人間性にも焦点が当てられます。

引用・参考文献
1）八幡批芦史．ミーティング・マネジメント：効果的会議の効率的実践．東京，生産性出版，1998，268p．
2）アージリス，C．新訳・組織とパーソナリティ：システムと個人の葛藤．伊吹山太郎ほか訳．東京，日本能率協会マネジメントセンター，1970，370p．
3）佐久間賢．交渉力入門．東京，日本経済新聞出版社，1989，202p．
4）梅津和子．医療コミュニケーションを妨げる曖昧な言語表現について：用語の理解に関する調査．医療と社会．13(3)，2003，103-15．

【実践事例】
# ファシリテーションとコミュニケーション

茨内地域生活支援センター
**岡部正文**

## 1 「場」の設定

　連携やチームワークの成果は、互いの知識や技術が交流することで生まれると野中先生は説いています。まず、知識や技術が交流するための「場」を設定することが連携の前提にあると思います。そのような「場」が設定されることは連携やチームワークのスタートになり、その「場」を用いて知識や技術を互いに循環（交流）させるためには、ファシリテーション技術とコミュニケーション技術の2つが必要だと考えています。

　私は1996（平成8）年から精神科病院に約10年間勤務し、2006（平成18）年から相談支援事業所で仕事をしてきましたので、ここからは自分自身の実践に基づいて連携やチームワークについて、「場」「ファシリテーション」「コミュニケーション」をキーワードに考えていきたいと思います。

### （1）精神科病院時代

　まず、私自身が連携やチームワークの「場」をどのように設定してきたかということから振り返ってみたいと思いますが、正直に申し上げて病院勤務時代は大変お粗末なものでした。当時の主たる業務は

- 「場」の設定が連携のスタート
  ▶ Point ❶
- 知識と技術の交流にはファシリテーションとコミュニケーションの技術が必要
  ▶ Point ❸

長期入院患者さんの退院を支援し再入院を予防することと、通院患者さんを入院させないことでした。心の中では、支援を必要とするできるだけ多くの患者さんにかかわりたいと思いながらも、結局は自分が連携をとりやすいスタッフとチームをつくり、退院支援や入院予防を行うにとどまっていたと思います。つまり、自分が連携しやすいメンバーに限ってチームをつくっていたわけです。

患者さんを中心に気心知れたメンバーが集まってケア会議の「場」を設けるのでうまくいきます。退院や地域生活の維持という共通の目標に向かって本音で議論を重ねることが容易にできましたし、結果的に支援の成果を実感することができました。しかし、成果といっても自己満足にすぎません。

もちろん私自身が積極的に「場」を設定しなくても、病院の中には病棟単位のミーティングや院内の勉強会、病院の運営会議等が、多職種が連携する「場」としてありました。そのような「場」で自分の意見を安心して述べ、連携やチームワークが促進された実感をもつことができたかというと、残念ながらそうではありませんでした。いま思えば、自分の経験不足と能力不足に原因がありました。

## (2) 相談支援事業所異動後

能力不足に気づいたのは、相談支援事業所へ異動した後でした。就職してからすでに10年が経過していました。異動先では管理者の立場となり、私を含めて6人の多職種からなる職員がチームを組んで仕事を進めなければならず、連携しやすいメンバーかどうかなどと言っていられません。私は、徹底的

・相談支援事業所の管理者となり、連携の必要性に迫られる
▶ Point ❸ ❺

に管理者として参考となる本を読みあさりました。そのなかでも、相談支援事業所としてのチームづくりをしていくうえで活用できると感じたのが「ファシリテーション技術」と「コミュニケーション技術」でした。

　手はじめにファシリテーションの4つのスキルと言われる、場のデザイン、対人関係、構造化、合意形成を意識して毎日のミーティングを運営することにしました。毎朝9時から10時までの1時間を所内ミーティングと位置づけて、私が進行します。最初は慣れないので、1つの報告に時間がかかり、時間内に協議したい内容の半分しかできないこともありました。しかし、3か月ほど繰り返しているとポイントをしぼった報告ができるようになり、限られた時間のなかでコンパクトに必要な議論を行えるようになっていきました。

　その日のスケジュールによっては30分しか時間が取れないときもあるので、そういう場合は「今日は〇〇の都合で30分しか時間がとれません」と終了時刻を告げ、「よって、最初の15分は昨日の活動報告とし、後半15分は必要事項の協議時間とします」というように、その日のミーティングの見通しを職員全員で共有するようにしていました。つまり、所内ミーティングの「場」のデザインを、その時の状況にあわせて修正するように意識していました。

　このように、タイムリミットと見通しを共有してミーティングをスタートすることにより、職員の覚悟が決まり効率的なミーティング運営につながりました。7年が過ぎた今でも毎日欠かすことなく続いています。

※側注のPointは講義のPoint番号に照応することを示す

・ファシリテーション技術とコミュニケーション技術を適用して毎朝ミーティングを行う
▶ Point ❶ ❷ ❸ ❺

## 2 「場」のデザインのサポート

### (1) ケア会議

　この取り組みは、日常のケア会議に役立ちました。外部からケア会議に呼ばれたときなどに活用することが多いのですが、ケア会議の冒頭に終了時刻の目安が告知されないことがあります。とたんに私は、何時までかかるのだろうと見通しが立たず、不安を感じます。そのような時に、少しとぼけて「すみません。だいたい何時ころまでケア会議をする感じでしょうか？」と優しく投げかけます。たいてい、45分とか60分、ときには90分という回答が進行役からありますが、そのことにより、他の参加者も含めてケア会議の見通しがつき、第一の覚悟が決まります。

　その後に、ケア会議の開催目的や時間内に成果を出したいことなどが進行役からアナウンスされることが一般的ですが、進行役が不慣れなときはそういったアナウンスがなく、ぼんやりとケア会議がスタートすることがあります。そのようなときは、「すみません。本日は佐藤さんの仕事が続くために、どのような応援ができるか皆でアイディアを出し合うということでよかったでしょうか」などと、会議の中身を確認する質問をあえて投げかけて、参加者全員で何について議論するのかを共有できるように立ちふるまいます。これにより、参加者のケア会議に対する覚悟がしっかりと固まるので、その後の議論は共有された目的に沿って脱線しにくくなります。

・会議の時間と目的を確認・共有することで「場」はデザインされる
▶ Point ❶ ❷

すべてのケア会議の開始時に、時間や目的を全員で共有できるようにアナウンスされればよいのですが、そうとも限りません。そのような場合、ケア会議の時間や目的をさりげなく皆で共有できるように、ケア会議に慣れた方が「場」のデザインをサポートすることが必要だと思います。

## (2) 地域自立支援協議会

このような立ちふるまいは、ケア会議のみならず、地域自立支援協議会（障害者総合支援法上では協議会と名称変更となったので、以下「協議会」とする）のように比較的大きな単位の集まりにも活用できます。私も協議会の委員の一人で、協議会にかける期待は少なくありません。

2007（平成19）年に第1回の協議会が開催され、委員として指名された各団体等の役員が市役所に召集されました。はじめに市役所からの説明があり、その後に委員が自分の考えをそれぞれ発言することからスタートしました。委員の発言は市役所に対する質問がほとんどで、協議会というよりは説明会に近いものでした。結局何も決まらずに終了し、私の期待は見事に打ち砕かれました。これからどのように行動することが地域のためになるのかわからずに、モヤモヤした気持ちで職場に戻りました。今でこそ調査研究に取り上げられる協議会になりましたが、スタートはこのように大失敗でした。

そこで、次回に向けて協議会をどのように運営するかについて、市役所の職員と一緒に繰り返し打合せを行いました。1回目の協議会で出された意見を整理し、どのようなタイムスケジュールで進行する

・協議会の内容を実りあるものにするために、事前準備や進行プロセスについて何度も打合せを行う
▶ Point ❶

かプロセスを設計し、事前に委員に資料を配布して目を通してもらう準備を行いました。

入念に準備をして当日を迎えても、立場の異なる委員が集まるので、協議会の冒頭に目的やその日に協議する内容およびタイムスケジュールを再確認し、「場」をセットする作業が必要でした。それでも議論が迷走し始めるので、「すみません。ちょっとよろしいでしょうか」とさりげなく質問し、脱線し始めた話を戻したり、「白熱しているところ申し訳ありませんが、この課題については〇〇時を目安にすることになっていましたかね」と、一委員の立場で「場」に水を差し、タイムキーパーの役割を担ったりすることもありました。

これは、ファシリテーションにおける対人関係のスキルに位置づけられ、Holdingと呼ばれます。つまり、手綱を離して議論が空中分解してしまわないように「場」をホールドするスキルです。

対人関係のスキルのなかには、傾聴と質問、非言語メッセージ（ボディーランゲージ）も含まれます。顔なじみの関係が成熟しないうちは緊張感がついてまわるので、どうしても議論が固く活性化しにくくなります。個別の支援を中心とする実務レベルのチームでも、協議会のように政策レベルのチームでも、良いチームにしていくためには、円滑なコミュニケーションを阻害する緊張感はくせ者です。

参加者が本音で語り知識や技術を活発に交流させていくために、私の経験から言えることは、緊張感を解きほぐすためにやや砕けた言葉遣いで「場」のムードをつくること、相手の目を見ること、微笑むこと、うなずくこと、相槌をうつことなどのコミュニケーションの4原則を活用することが大事だと思

- Holding：議論が空中分解しないよう、「場」をホールドするスキル
▶ Point ❺

- コミュニケーションの4原則を活用する
①相手の目を見る
②微笑む
③うなずく
④相槌をうつ
▶ Point ❺

います。

　特に、「ああ、なるほど」「そうなんですか」などの相槌をうつことで相手が話しやすくなり、話のテンポや流れが良くなります。つまり、話の流れを良くする潤滑油のような役割を、相槌は果たします。そのような技術を使いながら、知識や技術を活発に交流できる「場」と雰囲気をつくり、そして維持するスキルが現場実践には必要だと思います。

## 3 伝わるために必要なこと

### (1) 情報に感情を乗せる

　私に与えられたテーマは「どう伝えるのか」ということですが、伝えるためには伝えることができる「場」と、伝える気持ちが湧くような雰囲気づくり、そして、受け手側の聴く態度などの伝えるための環境設定がポイントだと考えます。そして、伝える側も、相手の立場や知識量に合わせてわかりやすく伝えることが必要です。伝わったかどうかは、相手のうなずきや相槌の度合いなどで測れますが、伝える側の意思や感情までしっかりと伝わったかどうかの評価は、受け手側の行動変容につながったかどうかで測ることができるのではないかと思います。

　あの人のためなら一肌脱ごうと思って具体的な行動の変化が相手にあったならば、確実に伝わったと言えるのでしょう。人は感情で動くものと言われます。動いてもらうには、必要な情報を伝達するだけでなく情報に感情を乗せたコミュニケーションを意識することと、日頃からの気配りや心配りが大事

・相手に動いてもらうには、情報に感情を乗せるコミュニケーションを意識する
▶ Point ❺

なってくると思います。つまり、連携やチームワークで成果を上げるためには、伝える側の人間性も関連してくると考えます。

## (2) 教育カリキュラムへの組み込み

　連携やチームワークが必要だと言われる医療保健福祉の分野において、これまで述べてきた技術はどのようにトレーニングされ、そして実践現場で展開されているのでしょうか。少なくとも私は、大学や職場の上司などから教わった記憶がありません。しかし、周囲を見渡すとなんだかうまく連携をとっている人がいます。それがなぜかはわかりませんが、もしかしたら生まれつき資質としてもっていたり、経験のなかで必要に迫られて醸成されてきたのかもしれません。

　私はソーシャルワーカーを対象にファシリテーションの話をする機会があるのですが、終了後のアンケートを拝見すると、「今まで自分がやってきたことが、ファシリテーションと同じであることに気づいた」とか「今までモヤモヤしていた部分がすっきりしました」と感想を言ってくださる方がいます。これは、しっかりと学んだことはないものの、実践現場で生き抜くために必然的に身につけてきたものと言えるのではないでしょうか。もしも、義務教育レベルでトレーニングされるようになると、医療保健福祉の分野に限らず、世の中全体の連携やチームワークが良くなるのではないでしょうか。

## (3) 日常生活におけるトレーニング

　ある本で「24時間365日ファシリテーションが実施できて、本物と言える」と書かれていました。私も、町内会などでもファシリテーションやコミュニケーションを意識するようにしています。特に町内会など年齢や立場の違う人々が集う場合は、声の大きい人の意見が通ったり、議論があちこちに迷走してしまうことがよくあります。そうならないために、会議の目的や議論の経過をホワイトボードに書き出す工夫をしています。これが、ファシリテーションスキルでいうところの対人関係のスキルと構造化のスキルになり、ファシリテーショングラフィックと呼ばれています。仕事上で使う技術と考えがちですが、このように町内会や家庭（家族会議）などは、私たちの技術を高める格好の練習場となります。

・町内会や家族会議はファシリテーション技術を高める格好の練習場
▶ Point ❸

# 4 地域移行・定着支援とコミュニケーション

　病院勤務時代は、私の能力不足で苦手な人と連携をとることが十分にできず、連携にかたよりがありましたが、相談支援事業所ではえり好みをして連携するわけにもいきません。

　特に精神障害者の地域移行・定着支援については、複数の病院や関係機関との連携が必要になってきます。私の相談支援事業所も、2007（平成19）年から県の委託を受けて地域移行・定着支援に取り組んできました。当時は退院促進支援事業という名

称で、保健所と協働しながら事業を進めることとなっており、管轄するエリアには複数の精神科病院がありました。事業を進めるためには関係機関からなる事業推進会議が必要と判断し、保健所と設置についての検討を行いました。まだなじみの薄い事業なので、関係者間の連携が重要だと感じて、毎月開催することを保健所に提案しました。しかし、関係機関の負担を考えると、年3回程度の開催がよいのではないかという意見もありました。粘り強く交渉した結果、毎月開催にこぎつけ、5年間は毎月のように事業推進会議を開催してきました。その結果、県内では最も事業が進んだエリアとして実績を残しています。

　この事業は、一定の成果が出るまで約3年かかりました。思うように事業が進まないときでも、事業推進会議のメンバーが毎月顔を合わせて、地域移行という1つのテーマに沿って議論する「場」を設けたことが、成果につながっていると思います。具体的な成果としては、ピアサポーターの養成や体験発表を通じた普及活動および社会資源見学会の開催、退院を目指す患者グループが病院内に組織されたことなどがあげられます。その他、地域生活を体験的に利用する取り組みは、後に一般制度化されるようになりました。官民協働、病院も地域も一緒になって、社会資源を数多く開発することができました。

　病院時代は気心知れたスタッフとしかできなかった取り組みができるようになったのは、「場」によるものだと思います。そして、「場」にどのような仕掛けをするのかが大切だと思います。事業推進会議がただの報告会だったら、回を重ねるごとに参加者は減っていったでしょう。そうならないように、

・精神障害者の地域移行・定着支援のために事業推進会議の毎月開催を提案し、実現する
▶ Point ❶❷❸❺

・成果が出なくても毎月議論する「場」を設ける
　　↓
3年後、結果が出るようになる
▶ Point ❷❹

・「場」への仕掛けの工夫により「ウィン・ウィン交渉」を実現
▶ Point ❶❹❺

参加者には自分ごととして考えていただけるような仕掛けや、参加者のメリットにつながる取り組みを展開していました。そして、社会資源の開発などの成功体験は皆の成果として共有するようにして、モチベーションを維持するように配慮していました。

事業推進会議のもち方や運営を工夫することで、1人では為し得ないことが可能になり、取り組みが複数の病院に広がっていきました。まさしく、互いが得をして可能性が広がったウィン・ウィン交渉となりました。

地域移行を通じて、いろいろな立場の人たちが知恵を出し合い技術交流を重ねたことで、連携やチームワークが充実し、社会資源の開発や充実につながる成果が出ました。

## 5 チームづくりと仕組みづくり

野中先生は「互いが安全かつ効率的に意見を交換するためには、その組織やチームに仕組みをつくっておく必要がある」と説かれていますが、私の実践からは、仕組みをつくって進むというよりは、仕組みづくりを進めるプロセスにおいて、自然と仕組みがメンバーの中に染み込み、育まれて、形成されていくのではないかと思っています。

ですから、チームとして成熟していないうちは、コミュニケーションを重ねる「場」を繰り返し体験し、積み重ねていくことが必要だと思います。この回数が少ないと、開催するたびにチームはリセットされ、そのつど振り出しに戻るのではないでしょうか。そのような意味でも、連携やチームワークを促

・チームが成熟するまではコミュニケーションを重ねる「場」を積み重ねる
▶ Point ❷

進するためには、適度な間隔で「場」を設け、維持するための仕掛けを準備し、振り返りを行うプロセスが大事になってくると思います。

　個別の支援も政策レベルの会議も、絶えず変化し続ける生き物であり、多職種によって行われるチームワークや連携も、絶えず変化し続ける生き物と言えるのではないでしょうか。野中先生がおっしゃるように「受理－査定－計画策定－介入－追跡－評価－終結」のケアマネジメント技術が、チームワークや連携の基盤になるというお考えが身にしみます。

・チームワークや連携は絶えず変化し続ける生き物であり、ケアマネジメント技術が連携の基盤となる
▶ Point ❹

# 第5講
# 出会いの場づくり

> **Point**
> ❶クライアントを多職種で支援するにはケア会議が欠かせないが、わが国では発展途上である
> ❷多職種によるケア会議を積み重ねることが、チームワーク向上のための練習になる
> ❸ケア会議の目的達成のためには、メンバーの選択、会議の場づくりなどの「設定」が重要である
> ❹ケア会議におけるコアメンバーの役割はファシリテーションである
> ❺ケア会議ではホワイトボードを有効活用すると効果的である

## 1 ケア会議の意義

　複雑で多様な対象を扱う現代の仕事は、異なった能力をもつ複数の人々が力を合わせることで成り立っています。顔合わせ、打ち合わせ、方針の共有、調整や修正、緊急対応など、当たり前のように関係者が会議を開きます。目的に応じて形態はさまざまでしょうが、会議なしに現代の仕事は成立しません。

　医療保健福祉の領域では、職種ごとの会議や、病院内における手術や病棟管理など、伝統的な会議には慣れています。しかし、慢性疾患や障害をもちながら地域生活を送る人々を中心に、多職種で支援するための会議について、わが国の医療職は慣れておらず、発展途上にあります。

　名称はさまざまで、事例検討会、ケースカンファレンス、サービス調整会議などとよばれています。英語ではクリニカル・ミーティングです。ここではケア会議と総称します。

### 会議の目的を限定する

　わが国の現状では、本来異なった目的を1つの会議に期待することで混乱しています。事例の見立てと手立てを話し合うのが目的のはずなのに、事例提供者を教育する場と勘違いしたり、機関や職種ごとの責任配分が隠れた目的になったり、日ごろの個人的不満を訴える場面になってしまうことも少なくありません。それらには、本来は別の管理会議やスーパービジョンの仕組みが必要なのです。

　チームワークが向上するためには、良い人材を集めるだけでは不十分で、日ごろから練習を重ねる必要があります。対人サービスの領域では、多職種によるケア会議を積み重ねることが練習になります。すると、ケア会議を設定して運営する技術こそが、連携における実質的な技術に位置づけられることになります。

## 2 ケア会議の設定

　かかわっている専門職であれば誰でも、自分が困難を感じている場合に、地域にもう1人の困っている専門職を探し、困っていることを共有して、ケア会議開催のコアメンバーとなることができます。最終的には、地域において定期的にケア会議が開催されることが目標です。

### メンバーの選択

　コアメンバーが、ケア会議に必要なメンバーを選択します。5、6人から10人までの範囲で始めることをお勧めします。今かかわっている人だけでなく、おそらくこれからかかわるであろう人を含み、特殊な領域の情報が必要であればその関係者を選定します。

　選定した人々が集まりやすい場所と時間を設定し、アジェンダ（検討課題）と依頼書を発送します。機関ごとに職員管理の方法が異なるので、依頼の形式も異なります。開始時間とともに終了時間を明記することも大切です。

## 会議の場づくり

　会議の場づくりには細心の注意を払います。広すぎず狭すぎず、温度管理、騒音管理に配慮します。窓や壁の絵なども、議論に集中したり、緊張を逃したりする場合に有効です。机を丸く囲み、ホワイトボードを用意しましょう。椅子もあまりに安楽でなく、しかし数時間は座っていられるものを用意します。お茶とお菓子が出ると場がなごむでしょう。

　地域におけるケア会議は、機関を越えて情報交換しなければならないので、本来は対象者の了承が必要です。ケアマネジメントでは利用開始時に署名捺印を得ており、これが情報交換許可書となっています。対象者の了承が得られない場合でも、緊急時、自傷他害事例、虐待など法的対象者、認知症など実質的に了承が得られないときには、ケア会議を実行できます。できあがったケアプランの確認など、会議の目的によっては、対象者や家族に加わってもらう場合もあるでしょう。

　会議の設定が適切であれば、予定どおりの人々が集まった段階で、ほぼ目的が達成されると確信できます。司会が会議中に苦労するとしたら、最初の設定に何らかの無理をしたのでしょう。

# 3 ファシリテーション

　会議におけるコアメンバーの役割はファシリテーションです。ファシリテーションとは、「集団による知的相互作用を促進する働き」のことです。主人公である会議構成員が適切に意見交換できるように配慮します。

## ファシリテーションのスキル

### 第一段階：場のデザイン

　第一段階は「場のデザイン」であり、ケア会議に誰を選び、"いつ・どこで"を決め、部屋を設定します。会議の冒頭で会の目的を再確認し、必要なら会議のルールに言及し、互いの自己紹介を行います。緊張を解く

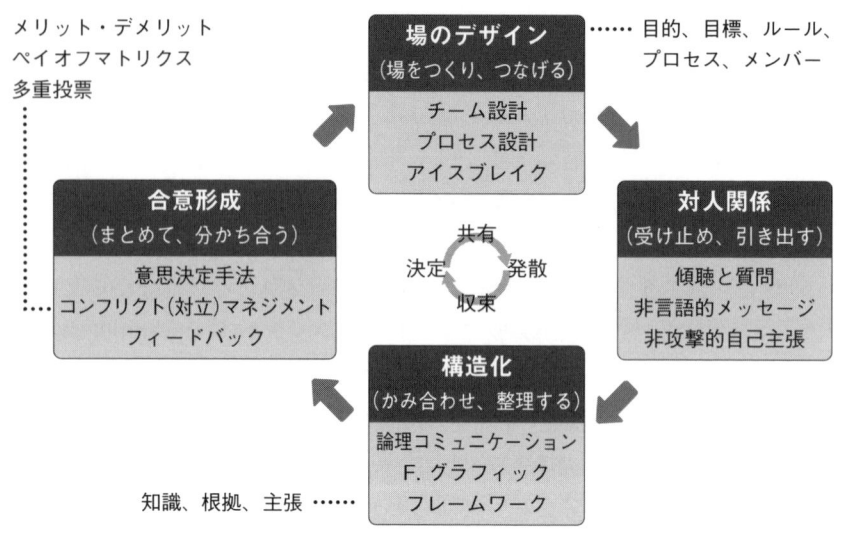

メリット・デメリット
ペイオフマトリクス
多重投票

**図表5-1　ファシリテーションのスキル**

（図：場のデザイン（場をつくり、つなげる）：チーム設計／プロセス設計／アイスブレイク　…目的、目標、ルール、プロセス、メンバー

対人関係（受け止め、引き出す）：傾聴と質問／非言語的メッセージ／非攻撃的自己主張

構造化（かみ合わせ、整理する）：論理コミュニケーション／F.グラフィック／フレームワーク　…知識、根拠、主張

合意形成（まとめて、分かち合う）：意思決定手法／コンフリクト(対立)マネジメント／フィードバック

中央：共有／決定／発散／収束）

ためにアイスブレイキング（参加者の緊張をほぐすためのエクササイズ）が用いられます。

## 第二段階：対人関係

　第二段階は「対人関係」で、それぞれの意見が出しやすくなるように質問し、互いが傾聴します。この段階では、表情や態度などの非言語的メッセージも重視します。

## 第三段階：構造化

　第三段階は「構造化」で、出てきた意見をかみ合わせ、あるフレームに整理します。医療保健福祉のサービスでは、アセスメントやプランニングということになるでしょう。

## 第四段階：合意形成

　第四段階は「合意形成」で、意見をまとめて、チームとしての意思決定をします。葛藤が明らかになれば、改めて話題になります。メリットとデメリットの表をつくるとか、複数の要因から優先順位をつけたりします。

最終的には役割分担や期限設定を具体的に行います。

### 新しいケア会議の方法に慣れる

　会議の参加者全員が結果に責任をもちます。会議というリングのなかで議論し、リング外の場で話されたことは採用しないようにします。会議のルールに従わない者は次回から呼ばないようにします。わが国ではしばらくのあいだ、新しいケア会議の方法に意識的に慣れる努力が必要なのかもしれません。

# 4 記録方法

　レジュメが詳しすぎると、構成員は私的に読みふけって、会議に向かいません。骨組が記載されたレジュメはあってもよいですが、重要な情報は口頭で述べるべきものです。地域におけるケア会議では、守秘義務のため、こうしたレジュメは会議終了後に回収されることも少なくありません。

## ホワイトボードの活用

### 患者情報の整理

　ケア会議を実施する際、ホワイトボードに会議で述べられた情報を記録する手法はきわめて有効です（図表5-2）。構成員は顔を上げ、議論が活発になります。ボードへの書き方が定まっていると何度も同じ議論にならず、不足している部分が誰にでもわかるようになります。

　家族歴はジェノグラムを書きます。書き方は国際的にルールが定まっています。生活歴・病歴・支援の経過などは時系列的に並べます。かかわっている関係者はエコマップで整理します。日常生活活動（ADL）、1日や1週間の生活、住居の見取図なども描くことができます。

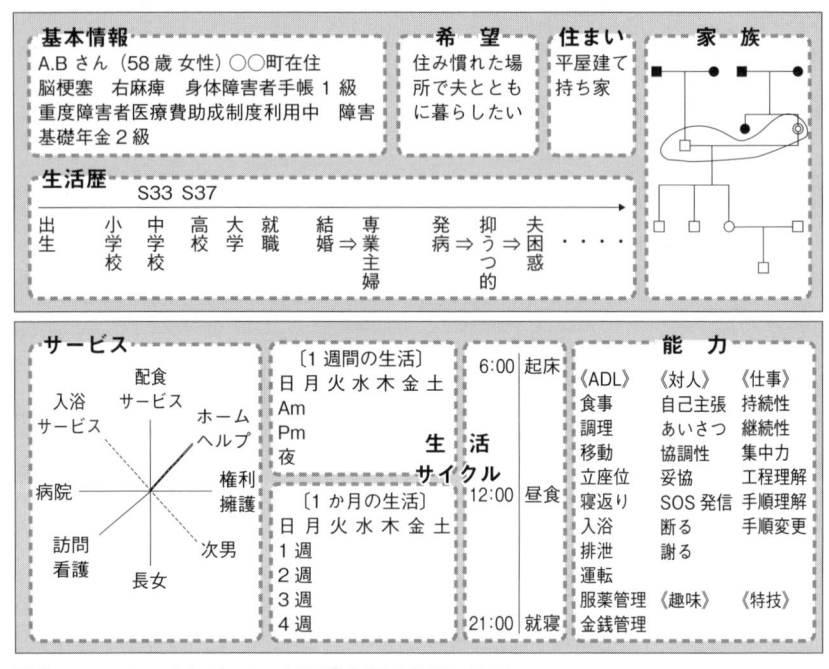

図表5-2　ホワイトボードの活用①利用者情報の整理

## 十文字表

　プランニングの際には十文字表を用いています（図表5-3）。これは横軸に時間をとり、縦軸は本人から周囲の人をめぐる空間軸を意味しています。多くの場合に、左上の第一象限には、本人への確認、ADLの実態や向上計画、関係者との情報交換などが記載されます。左下の第二象限には、家族への働きかけ、地域社会への対応などが記載されます。右下の第三象限には、将来の日中活動、友人関係、セルフヘルプ集団、開発すべき資源などが記載されます。右上の第四象限には、居住地の選定、就労計画、生活目標などが記載されます。

　コピー機能付きホワイトボードの場合であれば、各自がメモすることなく、コピーを配布することも可能です。

　何が議論され、何が結論であるのかを明確にすると、役割分担が定まり、問題の解決策か、もしくは全体としての方向性を見いだすことが最終的な目標となります。

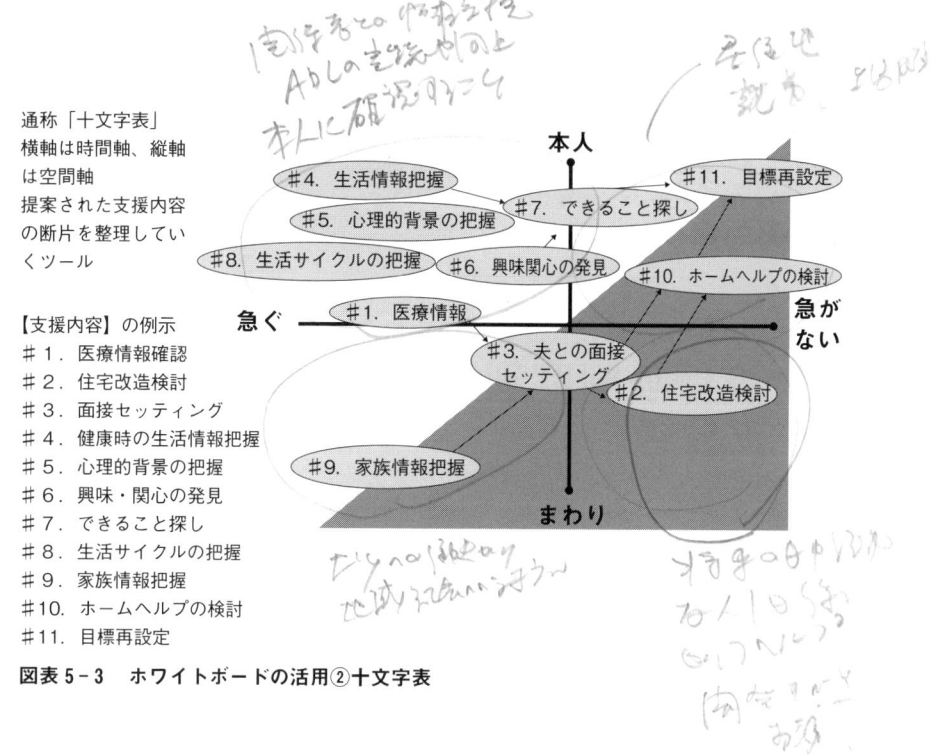

通称「十文字表」
横軸は時間軸、縦軸は空間軸
提案された支援内容の断片を整理していくツール

【支援内容】の例示
＃1．医療情報確認
＃2．住宅改造検討
＃3．面接セッティング
＃4．健康時の生活情報把握
＃5．心理的背景の把握
＃6．興味・関心の発見
＃7．できること探し
＃8．生活サイクルの把握
＃9．家族情報把握
＃10．ホームヘルプの検討
＃11．目標再設定

**図表5-3　ホワイトボードの活用②十文字表**

引用・参考文献
1) 上原久．ケア会議の技術2．東京，中央法規出版，2012，282p．

第5講　出会いの場づくり

【実践事例】
# 野中方式ケア会議の実践と継承

日本福祉大学ケアマネジメント技術研究会
■奥田亜由子

## 1 介護保険制度創設前のケア会議

　地域包括ケアを進めるための地域づくりの手法として、地域ケア会議を開催することが求められています。各市町村、各地域で、地域ケア会議につながるような事例検討会方式の研修会が開かれるようになってきています。野中猛先生が編み出した事例検討会は、会議の「見える化」により、当面の支援計画が具体的に立案でき、参加者全員の一体感を生む手法としても大変有効であると言えます。

　私は、栃木県の知的障害者施設の生活指導員を経て、平成5年に愛知県の在宅介護支援センターのソーシャルワーカーとして採用され、ケアマネジメントに携わることになりました。大学を卒業後、栃木県の重度の精神薄弱者更生施設で働いたときに感じたのは、そこが東京都の委託施設だったため、利用者は全員東京都民であり、地域と分断された生活をすること、家族と離れた人生を送ることの矛盾でした。生まれ育った地域で家族とともに暮らす生活を支援したいと強く感じました。そんな私にとって、在宅介護支援センターでのケアマネジメント業務は、大変やりがいを感じる素晴らしい仕事でした。

　高齢者サービス調整チームを市の行政担当者と協

・高齢者サービス調整チームでは多職種協働によるケア会議、チームアプローチを行うことができた
▶ Point ❷❸

※側注の Point は講義の Point 番号に照応することを示す

働で開催し、そこで司会進行を担当したり、事例検討会やサービスコーディネートを実施しました。そこでは、本当に必要な事例についてケア会議を行い、多職種の意見交換により課題解決や支援計画、ケアプラン作成をすることができました。専門職が一堂に会し、お互いを信頼した上でのチームアプローチを促進する場となっていました。行政と在宅介護支援センターが地域のサービス関係者、専門職に声をかけ、現在の地域ケア会議のメンバーのような多職種が集まっていました。ちょうど野中先生が埼玉県で精神保健の立場からケアマネジメントを実践していらっしゃった頃だと思います。

## 2 野中先生との出会い

　介護保険制度開始とともに、ケアマネジメントを担当する介護支援専門員が養成され、私も介護支援専門員となりました（以下、介護支援専門員をケアマネジャーと呼びます）。ケアマネジャーと在宅介護支援センターの社会福祉士を兼務し、サービス担当者会議の開催を支援することと、地域での事例検討会を始めました。

　また、愛知県でもケアマネジャーの組織化が進められ、愛知県のサポートのもと、居宅介護支援事業者連絡協議会が組織されました。私の所属していた居宅介護支援事業所の所長がこの組織の会長となったため、私もケアマネジャー部会の部会長となり、愛知県全体のケアマネジャーの研修などの企画運営を担うことになりました。その頃は、まだ30代の私が部会長になることに抵抗がありましたが、振り

返れば、そのポジションにあったことが野中先生との出会いにつながりました。

　愛知県の尾張ブロックの研修会で事例検討会を開催したときに、日本福祉大学に赴任されたばかりの野中先生を講師として招くことになり、初めてご挨拶をしました。ひょうひょうとした野中先生の雰囲気に、どんな事例検討会になるのかと思っていました。

## 3 野中方式の事例検討会との出会い

　200名以上の参加者を前にして事例提供者は力が入ってしまったのか、延々と事例発表は続き、30分くらい説明していました。事例の概要もわかりづらく、この事例提供者は何が言いたいのか、私は把握できずにいました。せっかく野中先生に来ていただいたのに、要領の悪い展開に申し訳なく思っていると、野中先生は私の心配をよそに、どんどんとホワイトボードにジェノグラム、生活歴、ADL、IADL、サービスマップなどを書き表していきます。事例提供者はかなりのスピードで話し、ばらばらと情報を説明していきます。野中先生は事例提供者が気の済むまで報告を終えた後に、ホワイトボードを示しながら、事例提供者が長々と報告した事例をわかりやすくまとめて説明してくれました。事例提供者の報告では、事例がどうなっているのか、何が問題なのかわからなかったことを、野中先生はホワイトボードをもとに霧が晴れるように説明していきます。初めて見る野中方式は、まるでマジックを見る

・野中先生の事例検討ではホワイトボードの活用により、見事に事例の「見える化」が行われていた
▶ Point ❺

ようでした。

　その入り組んだ事例は、みるみるうちに、見立て（アセスメント）の共有ができ、手立て（プランニング）を考えることができました。それはそれは、見事な事例の可視化でした。野中先生にしかできない事例検討のやり方なのだとその時は思いました。

## 4 事例の可視化と見立て

　事例提供者の話をさえぎることなく、必要な事項やポイントを短いセンテンスで記載し、さらに図を使うことにより、初めて聴く事例も大変わかりやすくなっていきます。事例検討を書き表していく形は、おそらく参加者全員が初めての体験だったと思います。野中先生は、事例提供者の発表を聴きながら、すごいスピードで書いていきます。先生が事例をどうやって見立てていくかが目の前で展開されているような臨場感があります。

　その後の見立てのための質問も、会場にいる参加者は、マイクが回ってきたら何を言おうかと、どきどきしながら真剣な表情で考えています。こんなに参加者全員が緊張感をもって臨む事例検討会は初めてでした。野中先生の司会進行、ファシリテートのもと、参加者は全員が対等の立場になっていきます。それまでの事例検討会は、どちらかというと事例提供者のできていないことをみんなで確認し合うことが多く、事例提供者が支援の不十分さを指摘され、つるし上げになるような状況が多かったので、二度と事例を発表したくないという声をよく聞いたものでした。

・従来の事例検討会は事例提供者の「できていないところ」を焦点化することが多かった
▶ Point ❶

提出理由
「本人の考え方にあわせた支援でよいのか」

ジェノグラム

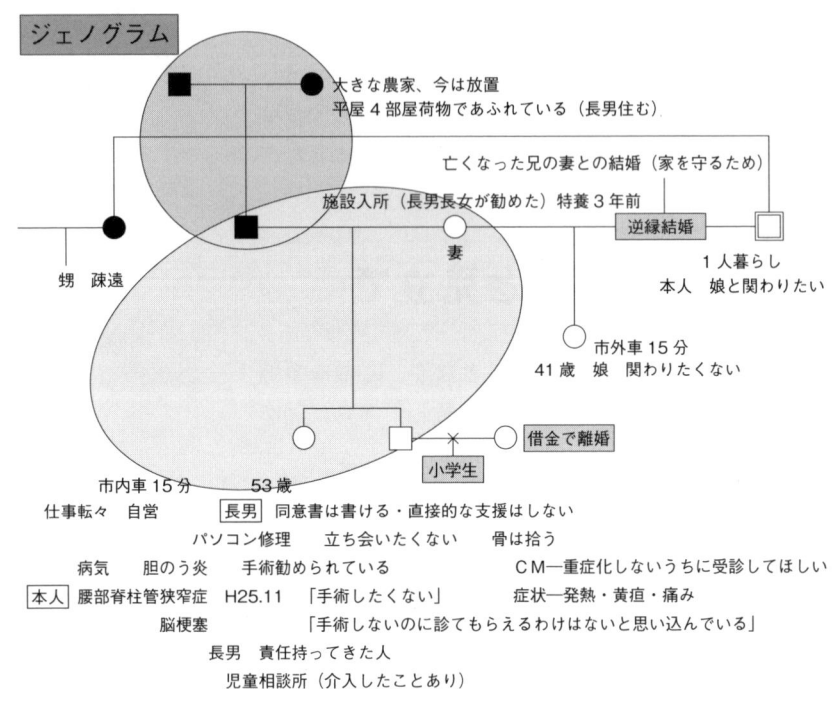

大きな農家、今は放置
平屋4部屋荷物であふれている（長男住む）

亡くなった兄の妻との結婚（家を守るため）

施設入所（長男長女が勧めた）特養3年前
妻
逆縁結婚

1人暮らし
本人　娘と関わりたい

甥　疎遠

市外車15分
41歳　娘　関わりたくない

借金で離婚
小学生

市内車15分　53歳
仕事転々　自営　長男　同意書は書ける・直接的な支援はしない
　　　　　　　　　パソコン修理　立ち会いたくない　　骨は拾う
　　病気　　胆のう炎　手術勧められている　　　CM―重症化しないうちに受診してほしい
本人　腰部脊柱管狭窄症　H25.11　「手術したくない」　症状―発熱・黄疸・痛み
　　　脳梗塞　　　　　「手術しないのに診てもらえるわけはないと思い込んでいる」
　　　長男　責任持ってきた人
　　　　児童相談所（介入したことあり）

図表5-4　ホワイトボードの活用例①ジェノグラム

# 5 野中方式のポイント　①見立て

　野中先生の事例検討会では、参加者が発言、質問をするときに、「今は見立てをする時間です」と何度も説明があります。それまでの事例検討会では、経験があるケアマネジャーほど、見立てを飛ばして、手立ての提案をしていました。手立てを考える前に、事例提供者と参加者が一緒になって、事例に何が起こっているのか、何が課題・ニーズになるのか、また事例提供者が行き詰っているところはどこ

・野中先生の事例検討会では、見立てと手立てを区別して検討が進められた
▶ Point ❹

## 生活歴

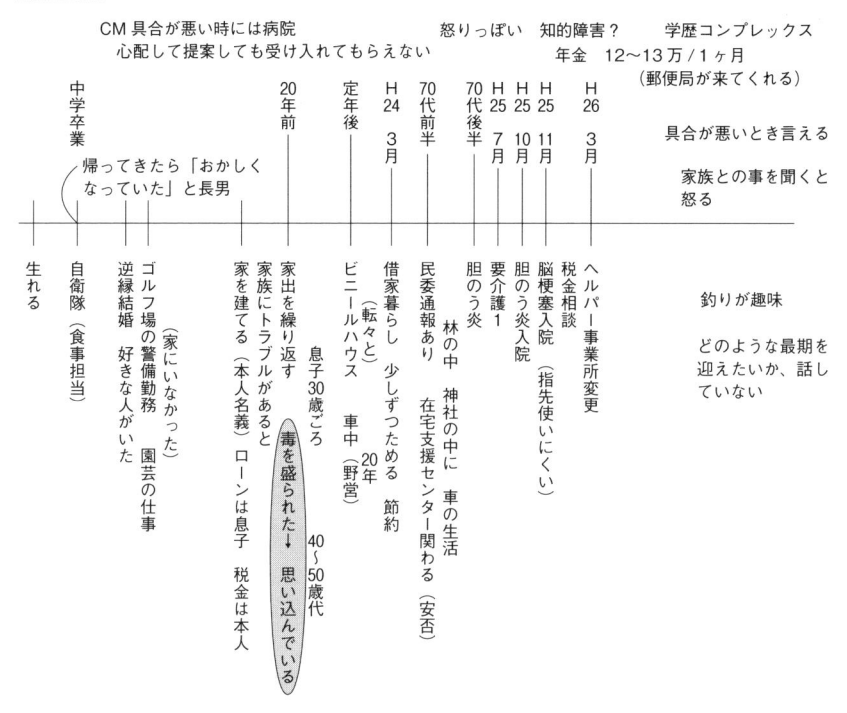

図表5-5　ホワイトボードの活用例②生活歴

（ホワイトボード内の記載事項）

- 中学卒業
- 自衛隊（食事担当）
- 帰ってきたら「おかしくなっていた」と長男
- ゴルフ場の警備勤務　園芸の仕事
- 逆縁結婚　好きな人がいた（家にいなかった）
- 20年前　家を建てた（本人名義）ローンは息子
- CM 具合が悪い時には病院　心配して提案しても受け入れてもらえない
- 家出を繰り返す　家族にトラブルがあると　息子30歳ごろ　40〜50歳代　税金は本人
- 毒を盛られた↓思い込んでいる
- 定年後　ビニールハウス（転々と）車中（野営）
- H24 3月　借家暮らし　少しずつためる　節約
- 70代前半　民委通報あり　林の中　神社の中　車の生活　在宅支援センター関わる（安否）20年
- 70代後半　胆のう炎
- H25 7月　要介護1
- H25 10月　胆のう炎入院
- H25 11月　脳梗塞入院（指先使いにくい）
- 考えに偏り　自分と合う人　合わない人
- 怒りっぽい　知的障害？　学歴コンプレックス
- 年金　12〜13万/1ヶ月（郵便局が来てくれる）
- H26 3月　税金相談　ヘルパー事業所変更
- 具合が悪いとき言える
- 家族との事を聞くと怒る
- 釣りが趣味
- どのような最期を迎えたいか、話していない

なのかなどの見立てを十分に行うことが欠かせないということを、野中先生によって初めて教えてもらった気がします。さらに、これはチームアプローチの手法であるとともに、グループスーパービジョンであるとも言えるでしょう。全員で事例を見立て、利用者やその家族の状況をリアルに浮かび上がらせることができれば大成功です。野中先生はよく、「映像のように立体的に、登場人物たちがそこにいるかのように感じられるといい」と言われていました。そのためには、事例提供者が利用者のことをどの程度アセスメントしているかが重要になりますし、利用者のことに深く関心を寄せることが必要

となります。野中先生は事例提供者の最初のプレゼンテーションの理想形として、「映画『ハリーポッター』の予告編のように、それを見るだけでおおよそのストーリーがイメージできるようなものが理想だよ」と言われていました。

　野中先生は見立ての時間に手立てを言い始める人がいると、それは手立てであると気づかせることもあり、また、軽くその発言を流すこともあります。司会進行（ファシリテーター、スーパーバイザー）は、事例内容の把握とともに、参加者の状況も把握しなくてはなりません。適宜、ファシリテーションとスーパービジョンを織り交ぜていきます。最低限押さえなくてはならない支援者の倫理や緊急性のあることなどは、その場で助言することが必要であることも教わりました。気づいてもらうのを待っている状況ではないこともあるからです。生命にかかわるリスクの高い内容や、権利侵害を受けているとき、優先順位が明らかなときなどは、事例の具体的な支援につながるミニレクチャーを行うなど、参加者への研修、教育機能もあります。

・野中先生の司会進行はファシリテーションのお手本だった
▷ Point ❹

　見立ての質問をするときに野中先生は、「具体的に言うと？」と何度も参加者に問いかけていきます。事例提供者だけではなく、参加者も学ぶ主役なのだと気づかされます。スーパーバイザーとしての問いかけ方を教えてくださっていたのです。

・司会進行役は質問を具体化することも重要な役割である
▷ Point ❹

## 6 野中方式のポイント ②手立て

　見立てが十分にできたら、ファシリテーターはホワイトボードに可視化したものをもとにまとめを行

## 本人を取り巻く資源・人的環境

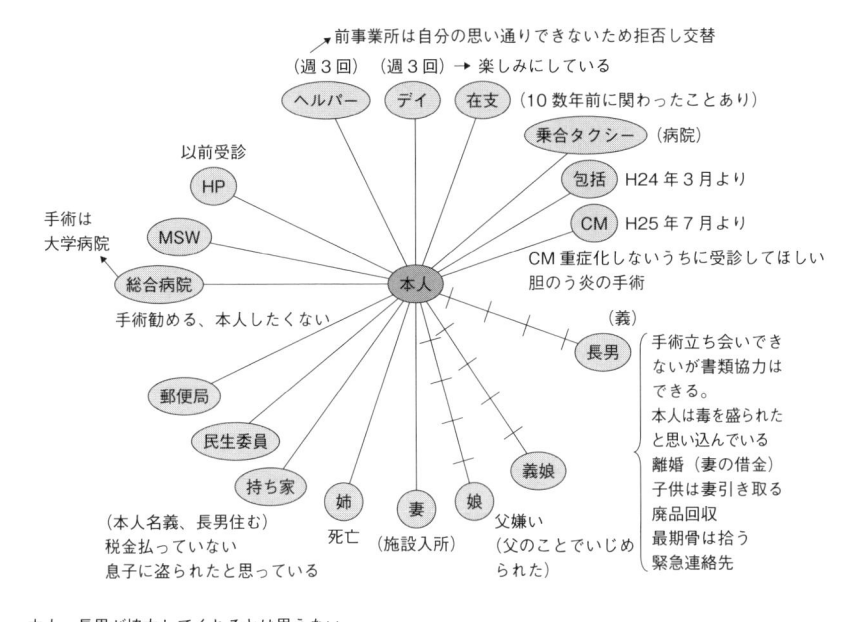

```
                                    → 前事業所は自分の思い通りできないため拒否し交替
                  （週3回） （週3回） → 楽しみにしている
                   ヘルパー    デイ    在支  （10数年前に関わったことあり）
        以前受診                        乗合タクシー （病院）
          HP                            包括  H24年3月より
  手術は  MSW                           CM   H25年7月より
  大学病院                              CM 重症化しないうちに受診してほしい
        総合病院        本人           胆のう炎の手術
        手術勧める、本人したくない                  （義）
                                              長男  手術立ち会いでき
                                                    ないが書類協力は
        郵便局                                      できる。
                                                    本人は毒を盛られた
          民生委員                                  と思い込んでいる
                                                    離婚（妻の借金）
          持ち家                  義娘              子供は妻引き取る
                   姉    妻   娘                    廃品回収
  （本人名義、長男住む）死亡 （施設入所）父嫌い        最期骨は拾う
  税金払っていない                （父のことでいじめ  緊急連絡先
  息子に盗られたと思っている       られた）
```

本人　長男が協力してくれるとは思えない
　　　お見舞いも来なかった
　　　リスク管理　発熱・黄疸・痛みが急性で起こった時は救急車要請
　　　急変時・終末期について息子と話し合って予測しておくとよい

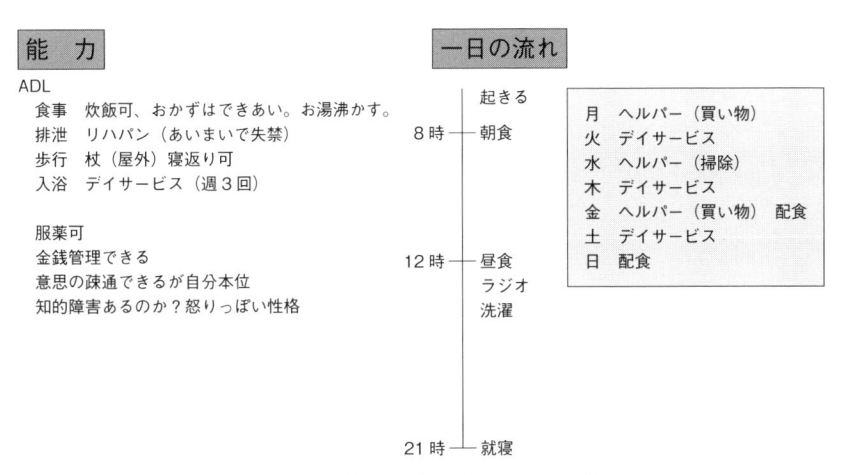

### 能　力

ADL
　食事　炊飯可、おかずはできあい。お湯沸かす。
　排泄　リハパン（あいまいで失禁）
　歩行　杖（屋外）寝返り可
　入浴　デイサービス（週3回）

服薬可
金銭管理できる
意思の疎通できるが自分本位
知的障害あるのか？怒りっぽい性格

### 一日の流れ

|  | |
|---|---|
| | 起きる |
| 8時 | 朝食 |
| 12時 | 昼食 |
| | ラジオ |
| | 洗濯 |
| 21時 | 就寝 |

|  |  |
|---|---|
| 月 | ヘルパー（買い物） |
| 火 | デイサービス |
| 水 | ヘルパー（掃除） |
| 木 | デイサービス |
| 金 | ヘルパー（買い物）　配食 |
| 土 | デイサービス |
| 日 | 配食 |

**図表5-6　ホワイトボードの活用例③サービス（資源）マップ等**

います。その上で、手立ての提案に移ります。野中先生は別のホワイトボードに十文字表を記載します。「本人」と「まわり」の縦軸と、「急ぐ」「急がない」の横軸のクロス表です。参加者は思いつくままに手立ての提案をしていきますが、ここでは事例提供者は反論したり、否定したり、過去に実施したけどうまくいかなかったなどの発言をしないようにルール化しています。事例提供者は会場の参加者の考えや提案を傾聴する時間となります。実践の現場ではこういう体験はほとんどありません。これは、自分が実践からいったん離れ、事例を客観的に見る訓練となります。

　手立ての提案では、理念的な内容、例えば「家族の関係を改善する」などと発言すると、すかさず野中先生は「誰が？」「どうやって？」「時期、タイミングは？」などと問いかけてきます。その問いにより、発言者は自分があまり深く考えて提案していなかったことに気がつきます。私たちは、概念的に「すべきこと」は思いつきやすいのですが、それを具体的にどうしたらいいのかまでは考えずにいることが多いことにも気づかされます。手立てを行動に移すためには、どうしたらよいかまでを具体的に、できれば実際の事例の担当チームが役割分担できるところまで考えていくことが重要です。野中先生の事例検討会は、参加者全員で利用者の支援、担当している支援者の支援、担当チームの支援を本気でしていく場でした。

- 司会進行役は手立てを実践に移せるように具体化することが重要である
▷ Point ❹

### プランニング・十文字表

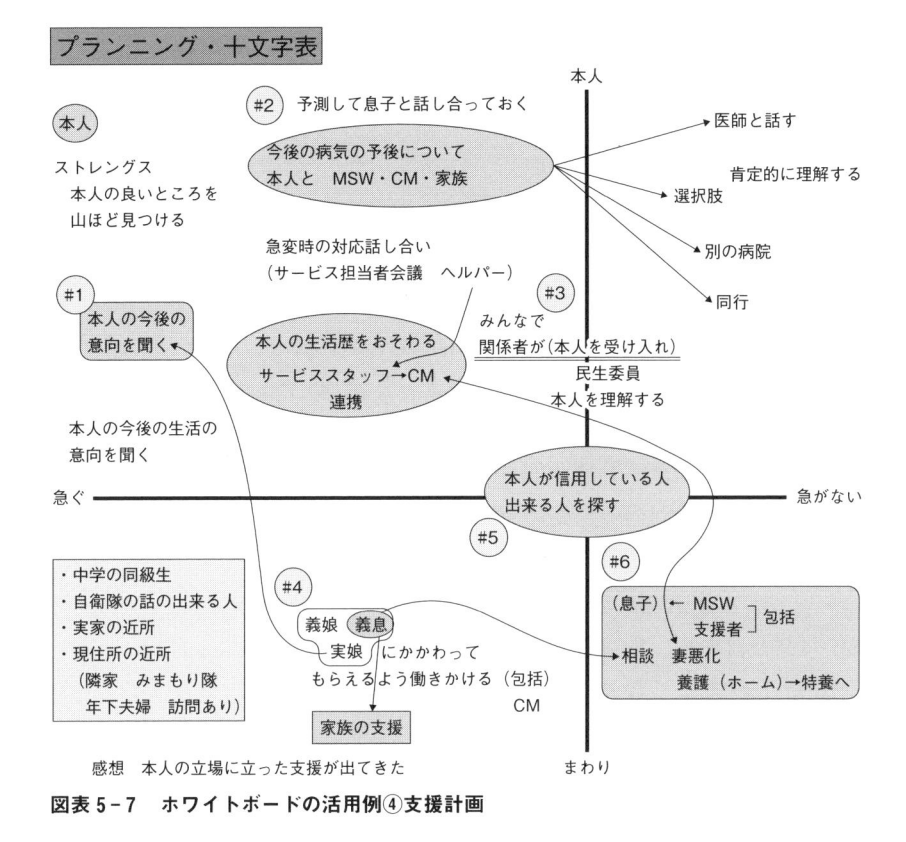

**図表5-7　ホワイトボードの活用例④支援計画**

（本人）
ストレングス
　本人の良いところを
　山ほど見つける

#1 本人の今後の意向を聞く
本人の今後の生活の意向を聞く

#2 予測して息子と話し合っておく
今後の病気の予後について
本人と　MSW・CM・家族
→ 医師と話す
　 肯定的に理解する
→ 選択肢
→ 別の病院
→ 同行

急変時の対応話し合い
（サービス担当者会議　ヘルパー）

本人の生活歴をおそわる
サービススタッフ→CM
連携

#3 みんなで
関係者が（本人を受け入れ）
民生委員
本人を理解する

急ぐ ───────────────── 急がない

・中学の同級生
・自衛隊の話の出来る人
・実家の近所
・現住所の近所
　（隣家　みまもり隊
　　年下夫婦　訪問あり）

#4 義娘　義息
　　実娘
　にかかわって
もらえるよう働きかける（包括）
CM
家族の支援

#5 本人が信用している人
出来る人を探す

#6 （息子）← MSW
　　　　　　支援者 ］包括
→ 相談　妻悪化
　　養護（ホーム）→特養へ

まわり

感想　本人の立場に立った支援が出てきた

## 7 事例検討会の定例化の実践

　野中先生は全国のケアマネジャーや支援相談員などの要請にこたえて、全国を飛び回って指導、講演、事例検討などをされました。私も、いろいろな立場や組織の一員として、野中先生に講演や事例検討会の講師をお願いしました。そのなかで、野中先生に声をかけていただき、組織化に加わったものがあります。日本福祉大学のケアマネジメント技術研究会です。先に記した、初めて野中先生にお会いした愛知県居宅介護支援事業者連絡協議会の研修修了

後でした。日本福祉大学でケアマネジメント技術研究会をつくりたいのだけれど、現場の実践者として加わってくれないかとのお話でした。このように、野中先生は一瞬にして人を把握し、お話をしてくださることがありました。大学の研究者の中に入るのは気が引けましたが、ケアマネジャー部会の部会長としての役割もあり、自分を高めていくためには願ってもないことだと思いました。しかも、野中先生は「まったく難しくなく大丈夫だから」と誘い上手でもありました。

　研究会では、研究活動に参加させていただくと同時に「公開事例検討会」を始めていきました。年に3、4回のペースでしたが、学びたいケアマネジャー、名古屋近辺の支援者を中心に毎回100～150人が平日の夜、仕事が終わってからの18時半～20時半過ぎまで集まりました。今では通算30回以上になっています。野中先生が平成25年7月に亡くなられてからは、日本福祉大学とケアマネジメント技術研究会メンバーで企画運営しています。最近は参加者にも変化があり、障害者の支援にかかわる専門職も増えてきました。これは野中先生自身が大変望んでいたもので、「制度や対象を超えたケアマネジメントの実践が進むこと、多職種で事例検討会を行うことが必要である」と述べられていました。事例検討会でお互いに発言することで、お互いの考えや支援観、価値観もわかり、経験値や専門職としての能力や実力もお互いに評価できる場になるということを教わりました。そういう意味でも、地域の専門職の出会いの場として重要な機会であると思います。

　この公開事例検討会でも、野中先生が展開される

・多職種で事例検討会を行うことにより、相互理解が進んでいく
▶ Point ❷

「野中マジック」を毎回、感動とともに味わうことができました。

## 8 認定ケアマネジャーの会の取り組み

　日本ケアマネジメント学会の理事であった野中先生には、認定ケアマネジャーの会のスーパーバイザー養成講座の講師も引き受けていただきました。認定ケアマネジャーの会では、白木裕子会長（現顧問）のもと、野中先生の事例検討会の手法を現場のケアマネジャー自身でもできるように、一つひとつの技術を分解し、5つのステップからなる研修プログラムを作っていきました。講座では、野中先生に私たちが学んだ成果を見ていただき、さらに総仕上げの意味で野中先生ご自身に司会進行役を務めていただき、事例検討、グループスーパービジョンを実施しました。多くのケアマネジャーが野中方式を体感しつつ、具体的に学んでいくことができました。野中先生のように「目からうろこ」のような感動体験につなげることは難しくても、参加したメンバーで事例の見立てと当面の最善の手立てを考えていくことはできるようになりました。毎年全国から、自己研鑽のためにケアマネジャーが集まり、意欲的に学び、力をつけて現場に戻ることができています。こうして野中先生の手法が全国に広がりつつあります。

　私自身、まがりなりにも野中方式ができるようになったきっかけは、この認定ケアマネジャーの会のスーパーバイザー養成講座におけるていねいなプロ

・日本ケアマネジメント学会認定ケアマネジャーの会では、野中方式を習得できるよう、5つのステップからなる研修プログラムを構築し、講座を開いている

・ホワイトボードによる事例の可視化はチームを一つにする効果も発揮する

▶ Point ❷❺

第5講　出会いの場づくり

セスのひもときからです。ホワイトボードによる可視化が、参加者、チームを一つにする機能があることも実感できました。事例を可視化することにより、全員が同じ個所を見て、話し合い、共感し合い、まとまることができるのです。この効果的な手法をより使いこなせるように、また一人でも多くの方に役立てていただけるように、今後も実践回数を積み重ね、理解を深めていきたいと考えています。

# Essay
# がんサバイバーという臨床活動

野中　猛

　精神科医として総合病院に勤務していた頃、身体各科の病棟をめぐっては「御用聞き」というリエゾン精神医学を実践していた。その後、精神保健に関して総合的な対策を実施しようという埼玉県の活動に、設計建築や機材選定の段階から参加した。建設予定地にはすでに県立のがんセンターがあった。精神障害に対する偏見は医療専門職にも根深く、がんセンターからも精神保健総合センターの建設が反対され、境に「高い塀」が要望されたりした。だからこそ、がん患者の精神的支援について意識的にとりくんだ。雑誌『癌患者と対症療法』（1992年）には「癌患者とのコミュニケーション」という小論を載せた。トータルなケアを実現するためには援助者側もチームを形成しなければならない、と論じた。

　さらに福祉系大学の教員となって、「精神障害リハビリテーション」や「ケアマネジメント」を教えた。医療保健福祉のさまざまな場面で、ケアマネジメント・サービスがわが国でも熱心に求められてきた近年である。

　還暦を越えて、「自分も臨床に戻ろう、往診訪問を中心にした地域ケアをやろう」と、大学を早期退職した矢先であった。すい臓がん、ステージIVbと診断された。まったく青天の霹靂と言うしかない。「臨床」に戻ろうとしたら、その中心である「患者」になったわけである。

　遅れに遅れていたわが国の精神保健の状況を改善するための半生であった。ところが、自分ががん患者となってみると、がん患者をめぐる医療保健福祉の状況は、精神保健に勝るとも劣らないほどの歪みが存在していることに直面した。むしろ今となっては、精神保健領域におけるサービスの方が、利用者中心の視点で優れているように思える。

「利用者中心」の視点で、ここまでの患者体験をふりかえってみたい。フェーズ１は、診断がつくまでの過程である。私の場合は、その前に大動脈瘤人工血管置換術を受けていたため、内科主治医は循環器が専門であった。腹痛を訴えてCTを撮ってもらえたが、診断は過敏性腸症候群であり、痛みは止まらない。秘かに消化器専門の医師にかかると悪性リンパ腫であるからと、別の病院の血液内科、さらにがん拠点病院の消化器外科に紹介。検査にて手術不可能なすい臓がんだからと消化器内科へとまわされた。現代の医者は、専門性からわずかに外れるとほとんど役に立たないし、その限界を心得た総合診断体制にないことがわかる。

　フェーズ２は、治療法を決めるまでの過程である。主治医から抗がん剤の説明があるが、自分が医師であってもよくわからない。わからないまま標準治療が開始される。自宅に帰って、焦ってインターネットや知人のネットワークで調べる。ひょっとすると国家試験のとき以上に勉強したかもしれない。さらに、標準治療を受けたとしても生命予後は実にわずかな延長であることも知る。だからこそであるが、膨大ながん情報の存在である。各種の免疫療法、食事療法、温熱療法、漢方に運動療法、信仰から星占いまで、まったく無料から詐欺に近い料金設定まで、胡散臭い商売から、自分の体験に基づいて信念をもって勧めているものまで、溢れている。中には「医師」という立場を出して勧めるために、消費者の迷いを結果的に増強させる。

　夫婦で必死に勉強したし、いくつかのセカンドオピニオンを訪ねた。本気で心配してくれる親戚や仲間たちは、自分が良いというものを悪気はまったくなく勧めてくれる。しかし、これらのうちから実際に何をするのか、選択する作業は自分たち夫婦で行わなければならない。結局、この選択過程そのものは誰も手伝ってくれない。

　手立ての提案はほとんど「治療」類似の話である。しかし、実際に困っているのは、仕事のことやらお金、保険の手続き、遺産相続や遺言、帽子や化粧、あるいはこれからの治療過程がどうなるのかという心配であろう。こうした作業は膨大で、とても片手間で患者をやっているわけにはい

かない。全力疾走でこなさなければ、現代のがんサバイバーにはなれない。私ばかりか、妻も仕事を辞めた。

世の中では、「緩和ケア」を最終末期に行うのではなく、がん宣告のはじめから加えるべきであると論じられている。しかし、「緩和ケア」が意味するものが「痛み軽減」にすぎない現状であれば誤解される。がん宣告がなされて最初のひと月に強力な支援が必要なのだが、これは「心理社会的支援」と明確化すべきであり、ケアマネジメントのサービスを提供することが具体的な目標であろう。必要な支援とは、狭義の医療情報ばかりでなく、基本的な制度や関連するサービス、溢れかえった情報の選択支援、家族の相談先、回復者の体験談などである。これらは看護師やソーシャルワーカーが担えるし、むしろ医師には苦手な事柄である。

フェーズ3は、治療の限界を迎える頃の支援である。ある標準治療は早晩限界が来る。実際に行われている医療は、ほとんど何の説明もなく、新たな治療法が提示され、副作用が現れるとそれに医療的な対応がなされるにすぎない。がん治療は副作用との闘いとなる。

古参の看護師は、患者と家族の話をよく聞いてくれるし、助言を求められれば応えてくれる。しかし、入院状況では交代制でしかなく、外来では大量の患者をさばく機能にすぎない体制の中で、とても本格的な「看護」を期待できない。緩和ケアに移行するのがいいのかどうか、そのことを相談する機会さえも、患者側が主張しなければならなかった。

さあ、フェーズ4以降、最終末期になるまで、何が起こるのだろうか？

相変わらず、いまだに誰もその全体像の説明はしてくれないし、いまから準備すべき項目を指導してくれる者もいない。

日本のがん医療は、なおも徹底的に医学中心、医師中心、病院中心の体制である。もっと、患者中心、生活中心、在宅中心、チームワーク中心にならない限り、患者は助からない。そして、これから患者になるのは読者の「あなた」である。

第 **6** 講
# 変わることの大変さと面白さ

**Point**
❶チームワークや連携を始めると、個人も組織も変わっていく
❷危機を乗り越えるためには、外部から知識や技術を導入する必要がある
❸チームには目的遂行機能と集団維持機能の両者が求められ、ケアの質が問われないと集団維持機能に傾きがちである
❹チームワークや連携の技術は組織変革や地域づくりに応用できる
❺変化はストレスになるので、じわりじわりと進めることが重要である

## 1 変容の必然性

　連携のためには互いのコミュニケーションを欠くことができません。コミュニケーションは相手に影響を与えることになるから、そこで変化が生じます。つまり、連携活動は相互のあり方に変化がともなうのです。
　自分だけは今までのあり方を変えないで、相手だけにあり方を変えろと要求してもかなうものではありません。相手が変わることでこちらも変わる。こちらが変わることで相手が変わる。こうして文化が成熟していきます。大げさかもしれませんが、連携は社会的存在である人間が進化する方法論なのでしょう。変わることは成長なので、そのことを楽しむべきです。新しく人との出会いがあり、これまで発想しなかった考え方や技術を実地で体験できるのです。
　交流分析の創始者として知られているエリック・バーンは、人の運命やストーリーについて、「相手と過去は変えられないが、自分と未来は変えることができる」と述べています。あるいは経営コンサルタントの小

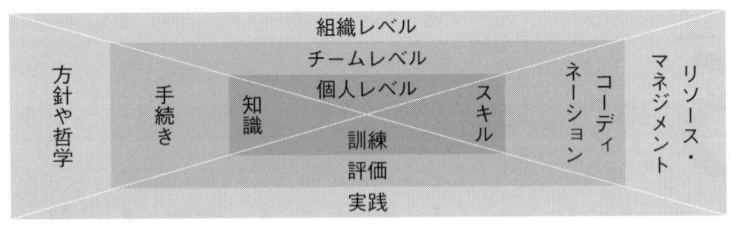

```
                    組織レベル
              チームレベル
方  手        個人レベル    ス  コ  リ
針  続  知              キ  ー  ソ
や   き  識              ル  ディ ー
哲                          ネ  ス
学          訓練            ー  ・
            評価            シ  マ
            実践            ョ  ネ
                            ン  ジ
                                メ
                                ン
                                ト
```

図表 6-1　個人・チーム・組織

倉 広氏は、「人を変えることはできないが、変わろうとする人を助けることはできる」と表現しました。

　また、チームワークや連携を始めると、個人が変わるだけではおさまらず、組織も変わらざるを得なくなります。もちろん、組織や機関の承認がないと、チームも組めないし、地域で連携活動をすることができません。個人とチームと組織は連動しているのです（図表6-1）[1]。

## 2 危機を乗り越える

　システム論によると、危機（クライシス）とは、個体や組織がそれまでのやり方では対処できない事態に出会うことを意味します。その危機を乗り越えるためには、システムの外部から新たな知識や技術を導入しなければなりません。それを外部から提供することが支援（サポート）であり、支援する側はシステム内にある能力を代行しすぎないように注意すべきです。

　1つの危機を乗り越えたシステムは、次回に同じような事態に出会っても、自分たちが対処できるように成長しているので、もはや危機ととらえなくなります。

　危機介入理論は、災害時の地域や住民、困難に直面した個人や組織などにも応用できます。チームワークも連携活動も、それまでのやり方では対応できない事態において採用される方法です。チームやネットワーク自体、そうした危機を乗り越えた体験によって強化されます。スポーツにおけるチームも、負ける体験があって強くなることでしょう。

「こちらを立てるとあちらが立たない」という葛藤的な事態となって問題が解決できないときに、ひとまわり外（ラージャー）のシステムを導入したり、発想を加えてみたりすると、意外な解決法が見つかります。単一職種で行き詰まったときに多職種チームで考えるのもこの効果です。小さなチームでだめなら、もうひとつ上の大きなチームで議論することも必要でしょう。1つの組織が、他機関の異職種から助言を受けることも有効です。

チームの育成方法として、チーム全体に課題を与え、その対処が限界に達した段階で、新たな技能を提示するトレーニング方法が開発されています。個人も集団も、自分たちで何とかなる間は新たな技能を学ぼうとか、それまでのやり方を変えようとはしないものです。

## 3 職場のストレス対策

職場も1つのチームです。だから、職場にも目的遂行機能と集団維持機能の両者が求められます。目的遂行を強化するとストレスフルな職場となり、集団維持に重点を置くと生産性の低い職場となってしまいます。医療保健福祉の職場は、放っておくと職員が働きやすい集団維持機能が優先され、患者やクライアントのためにサービスを提供するという目的遂行機能は減退します。患者やクライアントを中心としたサービス活動は、職員にとってストレスフルな環境です。実際の現場は2つの間を揺れ動きます。

チームに対して、自分のストレスを減らすための役割を期待するとしたら誤りです。チームも目的遂行機能が求められるのですから、かえって葛藤は増えるかもしれません。患者やクライアントが幸せになり、組織としての使命を果たし、自分が成長することに喜びを見出さないと、妙な組織になります。建前の目的とは異なって、自分たちの利益が目的となってしまうのです。

ケアの質が評価されるようになると、本来の目的遂行機能を改善することが、組織の利益に結びつくようになります。質が問われない状態では、ついつい集団維持機能優先にチームが傾いてしまいます。

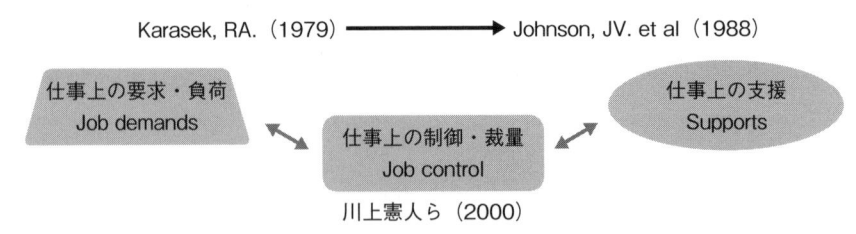

```
Karasek, RA. (1979) ────────▶ Johnson, JV. et al (1988)
```

仕事上の要求・負荷 Job demands ⇄ 仕事上の制御・裁量 Job control ⇄ 仕事上の支援 Supports

川上憲人ら（2000）

**図表6-2　職業性ストレス（〈要請-制御-支援〉モデル）**

　職場のストレスは、作業の量や質にともなう困難さと、自分が裁量できる程度と、周囲からの支援の有無によって決まるとされています（カラザックのモデル／図表6-2）[2)]。チームワークに期待できることは、周囲からの支援という要素があります。チームに裁量権をもたせるとさらにストレスは軽減します。

　イギリスの医療保健福祉の現場では、職種ごとの組織形態から「チーム中心の組織」に移行しています。医療や福祉の領域の基本単位は、多職種で構成されるケアマネジメント・チームです。この変革の過程で最も難しかった要素は、職員自身の意識をチーム中心に変えることだったと伝えられています。

## 4 組織や地域の変革

　チームワークや連携の技術は、組織変革や地域づくりの活動に応用できます。共通する要素は「変化」です。人の基本的な要求は「変化したくない（恒常性）」ので、組織も地域も、そう容易には変化しません。チームワークの体験によって、集団がいかに変化するのかを実地に学ぶことができるでしょう。

　変化はストレスになるので、あまりにも急激に変化を求めては失敗します。チームワークや連携も、じわりじわりと進展させるのがコツです。あるいは、若者をチームに導入することで変化しやすくなるという手もあります。

　一方で、人や組織は困った事態に直面すると、打って変わって変化を求

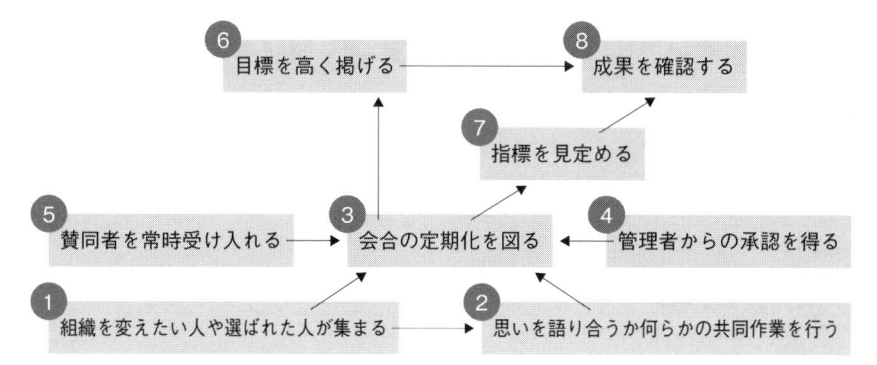

```
⑥ 目標を高く掲げる ────→ ⑧ 成果を確認する
        ↑                        ↑
                    ⑦ 指標を見定める
                        ↑
⑤ 賛同者を常時受け入れる →③ 会合の定期化を図る← ④ 管理者からの承認を得る
                        ↑
① 組織を変えたい人や選ばれた人が集まる →② 思いを語り合うか何らかの共同作業を行う
```

**図表 6-3　組織変革の手順**

めます。そのタイミングで提案された案は容易に受け入れられます。日ごろから、組織や地域を観察しておき、困った事態が起きたときに相談される立場にいることがポイントになるわけです。

　ある機関に新たなチームをつくろうとする場合や、その地域に、あるネットワークを育成しようとする場合に、最初にやることは、同志を見つけてコアグループを形成することです。グループは定期的に集まって勉強会をはじめ、新たなメンバーを誘います。高い理想のスローガンを掲げ、当面の具体的な活動目標を共有します。機会あるごとに活動を公開し宣伝します。予算獲得とか組織図記載とか、組織に正式に認めてもらいます（図表6-3）。

　こうしたチーム過程のなかで、人は育っていくのです。

引用・参考文献
1) Salas, E. Improving team work in organizations : Applications of resource management training. Hillsdale, NJ. Eribaum, 2001.
2) 川上憲人．仕事のストレス判定図．2000, (http://mental.m.u-tokyo.ac.jp/jstress/hanteizu/index.htm).
3) Borrill, CS. et al. The effectiveness of health care teams in the National Health Service. DoH report. 2006.

【実践事例】
# 組織や地域を変える取り組み

半田市社会福祉協議会
■ 前山憲一

## 1 はじめに

　「連携」というと、医療・介護・福祉の業界にいる私たちは、障害のある方や要介護状態の方へのチーム支援や、それを検討するケア会議やサービス担当者会議などを思い浮かべます。

　しかし、ふだんの暮らしのなかで"チーム支援（体験）"をしていることが意外と多いのではないでしょうか。例えば町内会や子ども会活動、地域の祭礼などは皆で話し合い（ニーズの発見とアセスメント）、事業計画（ケアプラン）に基づいて役割分担を行っています。

　特に既存の組織や地域に何らかの課題があり、それを改善するためにはケアマネジメントの手法は有効です。ニーズを発見し、見立てと手立てをていねいに立案して具体的な支援計画に結びつけていくことは、医療・介護・福祉の業界だけの専売特許ではないでしょう。

　ここでは、2つの事例（少年野球チーム・社会福祉協議会）を基にして、「組織や地域を変える取り組み」について考えてみたいと思います。

・ふだんの暮らしのなかにもチーム体験はある

※側注のPointは講義のPoint番号に照応することを示す

## 2 事例①：少年野球チーム

### (1)『あさひ町タイガース』の再建

　これは、私がZ市に住むAさんから聞いた話です。
　Aさんは少年野球チーム『あさひ町タイガース』のコーチをしています。
　Z市には、ほぼ小学校区に1チームの割合で少年野球のチームがあります。『あさひ町タイガース』は伝統があり、かつては強豪として鳴らしていました。Z市内の大会では、毎年ライバルの『のぞみが丘ジャイアンツ』と優勝を争っていました。しかし、ここ数年は『あさひ町タイガース』に入団する子どもが少なくなり、ずいぶん戦力が低下してしまいました。
　『あさひ町タイガース』の本拠地である小学校区は、Z市内でも特に少子高齢化が進行している地区でした。児童数は年々目に見えて減少しており、クラス数が数年で半減した学年もありました。
　こうした状況により、『あさひ町タイガース』は公式戦でも練習試合でも、大差で負けることが多くなりました。
　監督やコーチは「負けて悔しくないのか！」「もっと真剣に練習しろ！」と子どもたちを叱責しました。言われたとおりに必死になって練習する子どももいましたが、「練習が厳しすぎる」「サッカーのほうが楽しい」と言って退団する子どもが続出しました。
　数年前の『あさひ町タイガース』は、Aチーム

・少年野球チーム『あさひ町タイガース』はかつて強豪であったが、近年は戦力が低下していた

・監督やコーチの叱責により退団する子どもが続出
　→チームの危機①

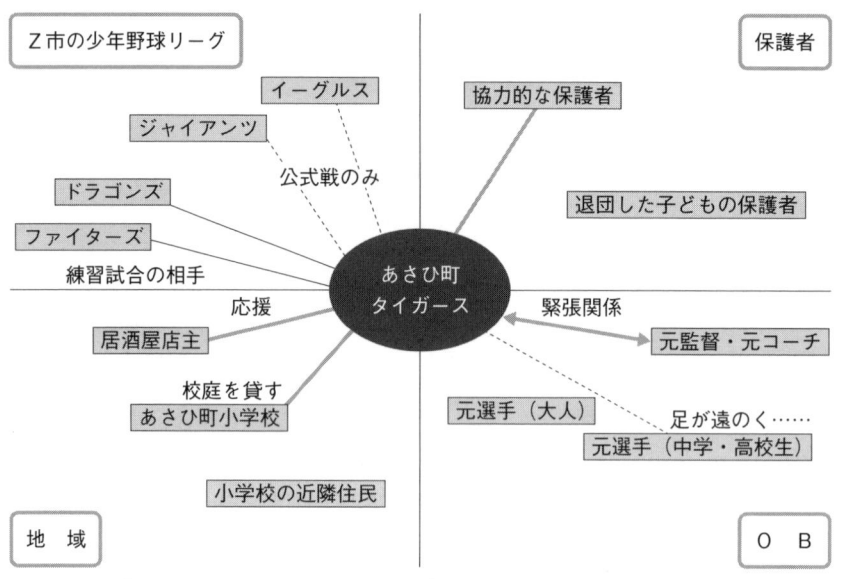

```
┌─────────────────┐                              ┌──────┐
│ Ｚ市の少年野球リーグ │                              │ 保護者 │
└─────────────────┘                              └──────┘
         ┌──────┐      協力的な保護者
         │イーグルス│
         └──────┘
     ┌───────┐  ⋮
     │ジャイアンツ│  ⋮公式戦のみ              退団した子どもの保護者
     └───────┘  ⋮
   ┌──────┐    ⋮
   │ドラゴンズ│    ⋮        ┌──────┐
   └──────┘    ⋮        │あさひ町│
  ┌───────┐   ⋮        │タイガース│ ← 緊張関係
  │ファイターズ│   ⋮        └──────┘         元監督・元コーチ
  └───────┘   ⋮
       練習試合の相手
             応援
         ┌──────┐                          足が遠のく……
         │居酒屋店主│              元選手（大人）
         └──────┘                    元選手（中学・高校生）
            校庭を貸す
         ┌─────────┐
         │あさひ町小学校│
         └─────────┘

           小学校の近隣住民
  ┌────┐                                    ┌──────┐
  │ 地域 │                                    │ Ｏ　Ｂ │
  └────┘                                    └──────┘
```

**図表 6-4　『あさひ町タイガース』エコマップ（再建計画前）**

（6年生中心）とＢチーム（4～5年生）、さらには低学年チームが組めたのですが、今では4～6年生のチームを1つ組むのが精一杯の団員数になってしまいました。

　保護者からも「子どもが楽しくないと言っている」「こんなに弱いのなら、別のチームに移籍させたい」などの苦情が出るようになりました。

　また、かつての"栄光"を知る元監督や元コーチはたまに練習を見学に来ては、文句を言いました。特に好敵手であった『のぞみが丘ジャイアンツ』に対して全く勝ち目がないことに腹を立て、子どもたちの前で「お前ら何やってんだ！」とＡさんたちを責めました。

　数年前までは練習を手伝ってくれていたOBである中学生や高校生たちは、「雰囲気が悪くなったから……」と足が遠のくようになってしまいました。

・保護者からは苦情が
　出るようになる
　→チームの危機②

・練習を手伝ってくれた
　OBたちの足も遠のく
　→チームの危機③

何よりもAさんが気がかりだったのは、チームの子どもたちの表情が暗くなってしまっていることでした。

## (2) 居酒屋での会合から

Aさんたち監督・コーチは、行きつけの居酒屋で「なぜチームが弱体化したのか」について話し合いました。「遊びが多様化して、野球人気が低下している」「道具が高価で親の負担が大きい。だから野球以外のスポーツに流れる」などの持論を展開しました。お酒がすすむにつれて、元監督や協力的でない保護者の悪口を言い、何かに責任転嫁したい気持ちをぶつけ合う状態になっていました。

カウンターの奥でそのやりとりを黙って聞いていた居酒屋の店主が、おもむろに口を開きました。

「あんたら、チームが弱いのを他人事と思っていないか！」

部外者である店主に一喝され、Aさんたちは当初「カチン」ときましたが、監督は「外側から客観的に見て、ウチのチームをどう思う？」と店主に聴きました。そして、店主の助言をもとにさまざまな角度から現在のチームを分析することにしました。自分たちは「打てない」「守れない」「ルールを覚えていない」など、子どもたちの弱点しか見ていなかったのではないか、団員が集まらないのは仕方がないとあきらめていなかったか、チームの周囲に活用できるものはないか……。

チームのもつ"強み"を活かし、"弱み"をどう克服するかを考えました。その結果、強みと弱みは裏表であることがよくあるものだと気づきました。

・**チーム外の視点（居酒屋の店主）からの助言をもとに現状を客観的に分析**
▶ Point ❷

| 強み | 弱み |
|---|---|
| ○伝統がある<br>○OBが多い<br>○グラウンド（校庭）が広い<br>○保護者が熱心<br>・<br>・<br>・ | ●伝統が重圧になっている<br>●団員が減っている<br>●サッカー好きの団員が多い<br>●保護者がチーム方針に口を出す<br>・<br>・<br>・ |

図表 6-5　『あさひ町タイガース』の強み・弱み（見立て）

## (3) みんなで再建計画を立ててみる

　Aさんたちは、話し合いからでてきた"強み"を活かす方法について話し合いました。それを見ていた保護者やOBから「何の意味がある？」「余計な役目が増えるから困る」「そんなことでチームが変わるわけがない」という声がありました。

　これまでの仕組みを変えようとすると"抵抗勢力"が現れるということを、Aさんたちは思い知らされました。

　それでもAさんたちはあきらめずに、チームの再建計画を立て、それを推し進めました。監督やコーチの熱意が伝わったのでしょうか。やがて保護者やOBのなかから再建計画づくりに参加する人が現れるようになりました。前出の居酒屋店主もいろいろとアドバイスをくれました。

　こうして、当事者である子どもたちも含めた関係する人すべての想いがこもった計画ができあがりました。

・再建計画を立てようとすると、「抵抗勢力」が現れる
▶ Point ❸

・熱意をもって計画作成を推し進めると、理解者・協力者が増えた
▶ Point ❶❷❹❺

```
                        本人（子どもたち）

  ┌────────────────────────┐              ┌──────────────────┐
  │大きな声で元気に練習する│              │公式戦で勝つ！    │
  └────────────────────────┘              └──────────────────┘
   ┌────────────────────┐              ┌──────────────────────────┐
   │サッカーで体力をつける│            │小学校卒業まで野球を続ける│
   └────────────────────┘              └──────────────────────────┘
                                          ┌──────────────┐
                                          │守備がうまくなる│
                                          └──────────────┘
     ┌──────────────────────────────┐  ┌────────────────────────────┐
     │低学年はルールをきちんと覚える│  │確実にミートできるようになる│
     └──────────────────────────────┘  └────────────────────────────┘
急ぐ
────────────────────────────────────────────────────────────── 急がない
    ┌──────────────────────┐
    │クリスマス会を盛りあげる！│
    └──────────────────────┘
      ┌────────────────────┐          ┌──────────────────────┐
      │試合を見に行き、応援する│      │有力チームの指導法を学ぶ│
      └────────────────────┘          └──────────────────────┘
 ┌──────────────────┐                  ┌──────────────────┐
 │練習の応援をする  │                  │選手をスカウトする│
 └──────────────────┘                  └──────────────────┘
    ┌────────────────────────────────┐  ┌──────────────────────────┐
    │商店街に団員募集のチラシを置く  │  │町内会で応援団を結成する  │
    └────────────────────────────────┘  └──────────────────────────┘

          まわり（監督・コーチ・保護者・OB・地域など）
```

**図表6-6　『あさひ町タイガース』再建計画（手立て）**

## (4) その後の『あさひ町タイガース』

　Aさんたちは、OBや近所の人たちに声をかけ、練習時に応援に来てもらうようにお願いしました。いいプレーをした子どもに対して「ナイスプレイ！」と大声でほめてもらい、エラーをした子どもには「ドンマイ！」と励ましてもらいました。同じ町に住む人たちに、子どもたちのやる気を引き出す声かけをお手伝いしてもらったわけです。

　練習にはサッカーを取り入れ、基礎体力の向上を図りました。サッカーが好きな子どもが多かったので、この練習は予想以上に好評でした。

　クリスマス会やバーベキュー大会は今までも開催していましたが、つい小言のような指導をしてしまっていました。再建計画では「お楽しみの企画では、子どもたちに一切、小言を言わない」と決めま

・チームは順調に再建に向けて動き出す
▶ Point ❶ ❹

した。

商店街のあちこちに"選手募集"のチラシが置かれ、多くの住民がそれを目にしました。伝統ある少年野球チームが危機であることを知った住民は、練習を見学に行くようになりました。

子どもたちが楽しそうに野球に打ち込むようになってきたので、少しずつですが入団を希望する子どもが増えてきました。

『あさひ町タイガース』は、これ以外にもさまざまな改革を進めました。昔のような強豪チームには、まだまだたどり着けませんが、笑顔があふれて元気のいい野球少年たちの姿を見たＡさんは「頑張ってよかった」と心から思いました。

## 3 事例②：社会福祉協議会

### (1) "Ｙ市社協・不要論"を乗り越えろ

これからご紹介するのは、今から数年前にＹ市であった出来事です。

Ｙ市は人口約10万人、高齢化率20％強の地方都市です。江戸時代から商工業が栄え、現在はNPO法人や市民団体の活動が活発な土地柄でもあります。

Ｙ市はサービス事業所の数も多く、「要介護」のご高齢の方や障害のある方にとって"在宅生活が可能なまち"と言われています。しかし、地域社会からの孤立、支援を必要とする人への無関心や一部の偏見、制度と制度の隙間のニーズに対応する術がないなどの課題を抱えていました。

こうした課題を解決する機関の1つとして"社会福祉協議会"（以下「社協」とする）がありますが、社協に相談をもちかけても「その分野の専門家がいないので……」「それは○○の仕事ですから……」などと、相談支援に積極的な体制ではありませんでした。

そんなY市社協に対して厳しい見方をしている人々は少なくありませんでした。行政は「成果が乏しいのであれば、補助金をカットする」という姿勢でおり、市民からは「社協って、何をしてるの？」「なくても困らない」などと、その存在意義を問うような意見が寄せられました。

市内のあるNPO代表からは「社協がだらしないから私たちNPOがやる！」と言い放たれてしまいました。

もちろん、Y市社協の職員は職務を怠けていたわけではありません。

組織マネジメントの従事者が不在で、市民のニーズに合わせた柔軟な事業運営ができていなかったため、ニーズがミスマッチな業務を延々と続けていたことが、"不要論"の大きな要因でした。

## (2) 目的の共有・課題を合意

Y市福祉課の職員・Bさんは「このままではいけない！」と思いました。

Bさんは社会福祉士の資格をもち、主に障害のある方に対する相談や戸別訪問などを担当しています。この仕事にやりがいを感じていますが、一般行政職なので、いつかは他部署に異動することになります。せっかく積み重ねた相談者との信頼関係や事

・市民や行政から不興を買う社協（市民ニーズに合わない硬直した事業運営）

・期待が大きいゆえの不満を感じていた行政職員が再建のきっかけをつくる
▶ Point ❷

| 強み | 弱み |
|---|---|
| ○ボランティアセンターが地道に実践を続けている<br>○民生委員や市民活動団体等とのネットワークがある<br>○地元出身の職員が多い<br>○"社協"ブランドがある<br>○権利擁護に強い専門職がいる<br>○行政とのパイプがある　など | ●個別支援の実践者が少ない<br>●一般市民に活動が知られていない<br>●市民のニーズに合った事業を実施していない<br>●社協の役割が市民に理解されていない<br>●行政との区別がわかりにくい<br>●NPO法人が台頭し、一部地域では社協より支持を得ている　など |

図表6-7　『Y市社協』の強み・弱み（見立て）

業所等との支援ネットワークが"無"になってしまうと危惧しているのです。

「異動のない社協職員が相談支援を担ってくれたら、そんな心配はないのに……」

Bさんは社協に対する期待が大きいがゆえに、不満を感じていました。

ある日、Bさんは気心の知れた福祉課の仲間とともに、Y市社協職員のWさんと話し合う機会をもちました。

WさんはY市社協"生え抜き"の中堅職員でした。日常生活自立支援事業や生活福祉資金貸付等の担当で、Y市社協のなかでは個別相談を得意とする人物でした。

Bさんたちは、Y市は相談支援の体制が未整備であること、制度の隙間に落ちてしまう困りごとが増え、地域社会から孤立してしまう住民も珍しくなくなっている現状を話しました。Wさんもそれらの課題を認識しており、「何とかしなければ」と思っていたようです。

さらにBさんたちは、Y市社協の「強み・弱み」を洗い出してみました。客観的にY市社協を分析

・当事者（Wさん）に対してBさんが客観的視点から強み・弱みを指摘
▶Point ❷

し、Wさんに対してその評価を口にしました。

　Y市社協"生え抜き"職員のWさんとしては、自分の職場の弱みをストレートに突きつけられ、「自分たちなりに頑張ってきたのに……」とムッとする場面もありました。しかし、客観的な評価が現実であることを自覚しました。

　また、Wさん自身はあまり意識していなかったY市社協の強み（ストレングス）や、一見競合相手に見えるNPO法人が、実は相乗効果が期待できる地域資源（エンパワメント）であると気づかされ、WさんはY市社協の改革に手ごたえを感じました。

## (3) 課題の共有・計画の合意

　Bさんは、Wさんたちとの話し合いの内容を"Y市社協再建計画"としてまとめました。Y市の福祉施策にとっても、Y市社協をどう活用するかが大きなテーマの1つだったからです。

　Bさんは、介護保険制度の改定に伴う「地域包括支援センターの新設」に目をつけていました。地域包括支援センター運営事業をY市社協に委託することを、再建計画の柱にしたのです。外部から実践経験が豊富な社会福祉士等を雇用し、Y市社協に新しい血を入れることで、組織の活性化が図れると考えたのです。この発想は、地域包括支援センターの担う事業と社協のミッションである"地域福祉の推進"に共通点が多いことに気づいたことがきっかけでした。

　Bさんは、上司である福祉課長にこの再建計画について報告しました。

　福祉課長は「社協がこの重責を担えるのか」「担

・再建計画の柱は地域包括支援センター（社協へ委託）
▶ Point ❷

・Bさん（行政）は上司に社協再建計画を提案する
▶ Point ❶❷❺

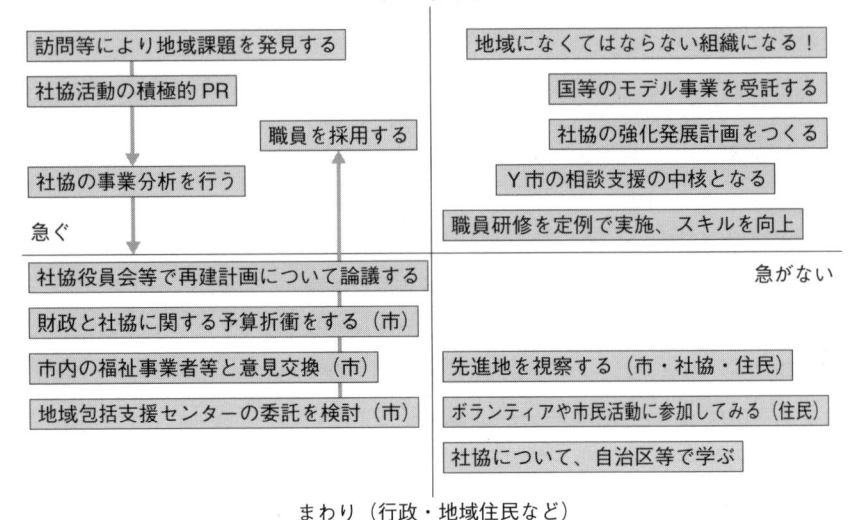

```
                            本人（職員）

┌────────────────────────┐       ┌──────────────────────────┐
│訪問等により地域課題を発見する│       │地域になくてはならない組織になる！│
├────────────────────────┤       ├──────────────────────────┤
│社協活動の積極的PR        │       │国等のモデル事業を受託する   │
└────────────┬───────────┘       ├──────────────────────────┤
             │      ┌────────────┐│社協の強化発展計画をつくる   │
             ▼      │職員を採用する││                          │
┌────────────────┐ └─────▲──────┤├──────────────────────────┤
│社協の事業分析を行う│       │      │Ｙ市の相談支援の中核となる   │
└────────────────┘       │      ├──────────────────────────┤
急ぐ                      │      │職員研修を定例で実施、スキルを向上│
─────────────────────────┼──────┴──────────────────── 急がない
┌──────────────────────────┐
│社協役員会等で再建計画について論議する│
├──────────────────────────┤
│財政と社協に関する予算折衝をする（市）│
├──────────────────────────┤   ┌──────────────────────────┐
│市内の福祉事業者等と意見交換（市）  │   │先進地を視察する（市・社協・住民）│
├──────────────────────────┤   ├──────────────────────────┤
│地域包括支援センターの委託を検討（市）│   │ボランティアや市民活動に参加してみる（住民）│
└──────────────────────────┘   ├──────────────────────────┤
                                │社協について、自治区等で学ぶ │
                                └──────────────────────────┘

                     まわり（行政・地域住民など）
```

**図表6-8　『Ｙ市社協』再建計画（手立て）**

当者の人選は大丈夫か」などと再建計画に懐疑的でしたが、相談支援等の事業を行政が直営するより、民間委託を推進する考えがありました。Ｙ市はあらゆる場で協議を重ね、Ｙ市社協に同事業を委託する方向で準備を進めることとしました。

　それと並行して、Ｙ市社協職員のＷさんも再建計画に基づいて行動を開始していました。

　会費収入の減少や事業のマンネリ化などを市民から指摘されていることを踏まえて、「このままではＹ市社協存亡の危機である」と事務局長に上申しました。

　Ｙ市福祉部が再建計画を基に地域包括支援センターの民間委託を検討していることを受け、「絶対にＹ市社協で受託すべきです」と強く訴えました。

　Ｙ市社協の再建の第一歩となる"地域包括支援センター事業の受託"は、役員会（理事会・評議員

・Ｗさん（社協）も上司に社協再建のためには地域包括支援センターの受託が必要と提案する
▶ Point ❶ ❷ ❺

会）での最重要議案となりました。一部の役員は「時期尚早」「市から丸投げされるのではないか」と反対しましたが、「これを機に、Y市社協は"Y市の福祉の中核"となるよう頑張ろう」という意見が多数を占め、同事業の受託が可決されました。

こうして紆余曲折がありましたが、Y市は地域包括支援センター運営事業をY市社協に委託することが正式に決定しました。

・一部の役員からは受託反対の声が上がる
▶ Point ❸
・地域包括支援センターの社協委託が決定
▶ Point ❹

## (4) その後のY市社協

地域包括支援センター運営事業を受託したY市社協は、同事業の委託料を財源にして職員を大幅に増員しました。医療・介護・福祉現場の経験豊富な職員がY市社協の仲間入りをし、職場の雰囲気はすっかり変わりました。

よく言えば家族的、悪く言うとなれ合い的な空気が一変し、あわただしく駆け回る職員の姿がY市社協の当たり前の風景になりました。

"生え抜き"職員のWさんは、地域包括支援センターの権利擁護担当に異動しました。その一方で、長年一緒に働いた仲間のうち何人かは、新しい雰囲気になじめず退職してしまいました。Wさんはさびしさを感じましたが、"市民のニーズ"に重点をおいた結果だと考えると「これでよかった」と迷いはありませんでした。

新戦力の働きも大きかったですが、WさんたちY市社協職員が覚悟を決めて再建計画を実行した姿に、行政や地域住民は胸を打たれました。社協にあまりよい感情を抱いていなかったあるNPO法人代表も「社協とNPOの協働を」「両者が住み分ける

・委託料を財源に社協は大幅増員し、職場の雰囲気が大きく変わる
▶ Point ❶❷❹

・社協自身が覚悟を決めて事にあたったことで、周囲の評価を勝ち取る
▶ Point ❶

ことで相乗効果があるのではないか」など肯定的な発言をするようになりました。これを機に多職種協働の機運が高まりました。

　Y市社協は地域包括支援センターの実績をきっかけに、障害者相談支援事業や市民活動支援事業（ボランティアセンターとの統合）など、さまざまな事業をY市から受託するようになりました。

・その後社協はさまざまな事業を市から受託するようになる
▶ Point ❶❹

　こうしてY市社協は、"福祉"を高齢者や障害者に限定したものではなく、"まちづくり"の視点を取り入れ、本来の地域福祉の推進に邁進するようになりました。もちろん地域の主役は"住民"なので、Y市社協は「縁の下の力持ち」に徹しようと意識しました。これは、Wさんたち地域包括支援センター受託前からの職員が大切にしていた"社協スピリッツ"が職員の意識のなかに受け継がれていたからこそ、と言えます。

　再建計画の立役者となったBさんは、福祉課から商工観光課に異動になりました。

　今でも「もう少し福祉をやりたかったな」と思いますが、現在の立場で地域貢献したいと考えています。

## 4　ふりかえり
　　〜"変わる"ことを楽しむ〜

　2つの事例に共通するのは、「危機感が人を突き動かし、そしてそれを支援する仕組み」です。限界集落化する故郷を再生させようとする住民活動も同様です。その根底に流れるのは「このままではいけない」「誰かにまかせてはいられない」という自立

の機運であると思います。

　ケアマネジメントが「自立支援」に対して極めて有効な手段であることは明確です。最初に述べたとおり、これは医療・介護・福祉の専売特許ではなく、組織や地域の再生（自立）にも有効であると私は確信しています。

　何かが変わるときには、往々にして痛みをともないます。その痛みを避けたいがために、変わることに拒否的になることが少なくありません。しかし改革が必要な事態に立った場合は、そうは言っていられない現実が突きつけられます。

　事例①も事例②も"組織存亡の危機"を乗り越えるために、当事者は立ち上がります。そして、当初は課題ばかりに目を奪われ、ストレングスの視点を忘れてしまいますが、客観的な評価を受けることによって、再生（自立）を図ることができました。

　組織や地域が"強み"を認識して行動していくことによって、組織は再生に向けて動き始めます。この過程がエンパワメントをさらに高めていき、周囲（地域や離れていった仲間たち）にまで好影響を与えるようになります。

　野中式ケア会議の十文字表（図表6-6・図表6-8）の"急がない・まわり"そして"急がない・本人"に記入された再建計画（支援計画）が実行に移ったとき、苦労を乗り越えた喜びを実感する瞬間になるかもしれません。

・ケアマネジメントの手法は組織や地域の再生にも有効である
▶ Point ❹

・「急がない」項目が実行に移ったとき、苦労を乗り越えた喜びを実感できる
▶ Point ❺

# 第7講
# 誰を選んで、どう育てるか

**Point**
❶チームワークにとって「メンバーを選定する過程」と「メンバーが納得して参加する過程」が重要な準備作業である
❷チームワークのレベルは追求する目的によって異なってくる
❸チームワークの成否が生命に影響する軍隊では、属性が多様に分散した補完型集団が最も優れていることが証明されている
❹チームの成熟には6段階の発展過程がある
❺良質なチームをつくるには「メンバーの選定」と「その後の訓練」の両方が重要である

## 1 チーミングの意義

　ここでは実際にチームをつくる場合の要点をまとめましょう。目的に応じてチームを編成し、そのチームを育てることを「チーミング」と称します。荷車などを曳く牛や馬の連なりを語源とする"team"を、名詞ではなく動詞として用いることで、積極的にかかわり続ける活動なのだというニュアンスが伝わります。「チーム」が既存の与えられたものであるとすれば、「チーミング」には目的に応じて主体的に参加し、これからも変わり得るという力動的な意味が加わるようです。
　映画『七人の侍』では、野伏せりから村を守るという目的のために、島田勘兵衛は必要な人材と数をそろえて、役割を分担しました。危機が生じて、リーダーはフォーメーションを変え、方向を示しました。映画『オーシャンズ11』では、ふだんは喧嘩ばかりしているメンバーでも相手の能力には降参します。金銭強奪という目的を達成するためには、どうしても

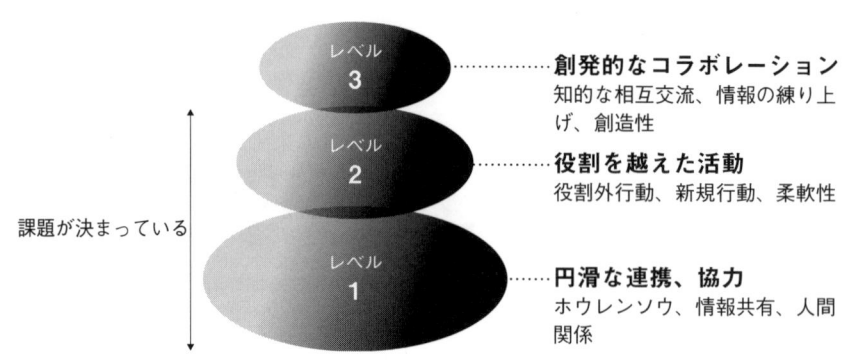

この場合は、どの程度のチームワークを必要とするか？

レベル3 ……… **創発的なコラボレーション**
知的な相互交流、情報の練り上げ、創造性

レベル2 ……… **役割を越えた活動**
役割外行動、新規行動、柔軟性

課題が決まっている

レベル1 ……… **円滑な連携、協力**
ホウレンソウ、情報共有、人間関係

**図表 7-1　チームワークのレベル**

このメンバーが必要なのだと選ばれます。

　コアメンバーないしはリーダーが、チームのミッションや目的に応じてメンバーを選定する作業と、選ばれたメンバーが納得してチームに参加する過程は、チームワークにとって最も重要な準備作業ということになります。もちろん、互いが知り合う機会となる裏社会のネットワークに参加していたことが、その前提にある点も忘れてはなりません。

　集まった者のあいだで、改めてリーダーが選ばれることもあるでしょう。リーダーレスグループにあらわれるリーダーシップの研究では、「課題志向の行動」として方向づけ、順序づけ、情報交換、進展や合意のチェックなどの諸機能、「集団維持の行動」として参加促進、緊張緩和、規範提示、問題解決などの諸機能が観察されました。これらを実践できる者がリーダーとして認められるのです。

## 2 目的によって異なる

　目的によって、チームワークには求めるべきレベルが定まります（図表7-1）[1]。

　レベル1の日常的な組織活動におけるチームは、円滑な連携や協力が目標となります。適切な人間関係と"ホウレンソウ"（報告・連絡・相談）

に代表される効果的な情報共有システムが必要です。

　レベル2は、目的はあるが具体的な作業が決められていないチームの場合で、メンバーそれぞれの役割を越えた発想や行動が求められます。状況に応じた柔軟な対応をチームが行うために、個人としても新たな行動ができないと役割を果たせません。

　レベル3の、創発性が求められるプロジェクトチームの場合は、従来の役割に縛られず、知的な相互交流によって情報を練りあげることが求められます。行動する際には、高度な自主性と技能が相互に期待されます。

　医療保健福祉の領域とすると、病棟の看護チームとか施設の介護チームなどはレベル1として追究されます。レベル2には、例えば多職種で構成される訪問チームや、複雑な事例に対する治療チームなどが想定されるかもしれません。レベル3は、新たなプログラムを考案する際とか、施設を立ちあげるときとか、挑戦的な臨床活動に取り組む場合などでしょうか。

　それぞれのレベルによって、チーム構成メンバーに要請する能力を、どの程度慎重に判定すべきか異なってきます。

## 3 米国海兵隊の理論

　チームワークの正否が生命までにも影響する場面は軍隊です。そこでは建前だけのチームには意味がありません。古今東西、実践的で効果的なチームワークというものは、戦争のなかで工夫されてきました。

　米国海兵隊で採用されたFFS（Five factors and stress）理論は、属性が多様に分散した補完型集団のほうが総生産力の高いことを証明しました。白人ばかりとか、東海岸出身ばかりとかではなくて、多種多様なメンバーでチームを構成するのです。パソコンの打ち込み作業によって実験したのですが、同質集団や無作為抽出集団に比べて、異質集団は、早い段階ではなかなか同調しないものの、最終的な成果量では最高値を示しました。

　ストレスが「ポジティブなとき」と「ネガティブなとき」の個々人の特性パターンに注目して、あらかじめ質問票によってメンバーを評価してお

| | 凝集性 | 受容性 | 弁別性 | 拡散性 | 保全性 |
|---|---|---|---|---|---|
| ユーストレス（ポジティブ） | 道徳的 規範的 | 寛容的 肯定的 | 理性的 分析的 | 創造的 積極的 | 順応的 持久的 |
| 特性 | 指導的 独善的 | 養育的 介入的 | 論理的 機械的 | 活動的 衝動的 | 協調的 追随的 |
| ディストレス（ネガティブ） | 支配的 排他的 | 自虐的 逃避的 | 詭弁的 確率的 | 破壊的 享楽的 | 妥協的 従属的 |

図表7-2　FFSマトリクス[文献2）引用、一部改変]

きます。例えば、5つの要因のうち「凝集性」では、良い状況では道徳的で規範的で指導者として優秀なのですが、悪いときには支配的で排他的な面があらわれる可能性もあるのです。ほかに、受容性、弁別性、拡散性、保全性の要因が加えられて集約されています（図表7-2）[2]。

実戦場面では、偵察、攻撃、撤退、防御など、それぞれの目的に応じて、FFSの結果などを参考に最も適したチーム構成を指示することになります。

医療保健福祉の領域でも、人を配置する際にこれらの成果を参考にすることができます。現場ではすでに主要なメンバーは定まっていて、全員を選択できる場合がそれほどあるわけではありません。少なくとも、単純な仲良し集団では集団維持機能は良好としても、作業遂行機能とか問題解決を要する場面で限界があることを意識すべきです。

# 4 チームの成熟

一方、チームの実力は人材だけで決まるわけでもありません。古典的なチームワーク理論として、チームの発展過程に注目したタックマン・モデルがあります。形を作り（forming）、対立して（storming）、規範ができて（norming）、力を発揮する（performing）という過程です。

| | | |
|---|---|---|
| 1 | 知り合いになる | 冷静な交流、目標は不一致 |
| 2 | 試行と失敗 | ペア形成、境界のあいまいさ、疑惑 |
| 3 | 全体的な優柔不断 | 葛藤を避けた平衡、士気の低下 |
| 4 | 危　機 | 露呈、リーダー出現、感情表出 |
| 5 | 解　決 | コミュニケーション、リーダーシップの共有 |
| 6 | チームの維持 | 課題の共有、相互関係成立、柔軟性 |

**図表7-3　チームの発展過程**

　これを医療や福祉の領域のチームに応用すると、次のようになります。すなわち、①互いが知り合いになるが目標は一致していない、②試行と失敗が繰り返されるなかで疑惑が生じる、③葛藤を避け、全体的な優柔不断の状態となる、④問題が露呈して感情が表出され、危機を迎える、⑤コミュニケーションが進み、問題が解決する、⑥課題が共有され、相互関係が成立して、チームが維持される、というわけです（図表7-3）[3]。

　わが国の伝統的文化では、対立を避けて調和を重視し、表と裏の二面性があるため、容易に集団が形成されるものの、対立を避けるために集団はなかなか危機を迎えず、問題は隠蔽されてしまいます。このことはわが国のチームが形式的で、本当に有効性のあるチームがなかなかできない理由の1つとなっています。

　チームは、メンバーの人選だけで質が規定されるのではなく、その後の交流によって成熟度が変わってきます。野球にたとえると優秀な人材を集めたジャイアンツが必ず勝つかといえば、そういうわけではないのです。どんなに優秀な人材を集めても、練習しなければチームの能力は上がりません。

　良質なチームをつくりあげるためには、メンバーの選定とその後の訓練、その両者ともに必要なのでしょう。医療保健福祉領域におけるチームの訓練として最良の方法は、日常的に実施するケア会議です。

引用・参考文献
1 ) 古川久敬．チームマネジメント．東京, 日本経済新聞社, 2004, 194p.
2 ) 小林恵智監．入門チーム・ビルディング：1＋1が2以上になる最強組織の作り方．東京, PHP研究所, 2007, 205p, (PHPビジネス新書, 19).
3 ) Lowe, JI. et al. Understanding teamwork : another look at the concepts. Social Work in Health Care. 7(2), 1981, 1-11.
4 ) 金井寿宏．リーダーシップ入門．東京, 日本経済新聞社, 2005, 330p.
5 ) Yukl, GA. Leadership in Organizations. 8th ed. London, Peason PLC, 2012, 528p.

【実践事例】
# チームの成熟に必要なこと

国立病院機構鳥取医療センター
**植田俊幸**

## 1 訪問チームをつくろう！

　日本の精神科医療が抱えている大きな課題の1つは長期入院です。国の仕組みとしては地域移行・地域定着支援事業などの取り組みが行われていますが、現場の状況はあまり変わっていません。その要因の1つに、地域支援サービスの大幅な不足があります。せめて私が仕事をしている鳥取でなんとかできないのか、という思いをもって、多職種による訪問チームの創設を提案していたところ、2008年に鳥取医療センターでAOT (assertive outreach team) と称した、多職種で積極的な訪問を行うチームがつくられることになりました。重度で持続的な精神障害のある人の地域生活を支援する方法としては、包括的地域支援プログラムACT (assertive community treatment) が有名です。このACTと理念を同じくして、現在の日本のシステムのなかでどのような活動が実現可能なのか挑戦が始まったのです。今までの活動を、チームの成熟の視点から振り返ってみることとします。

・2008年に多職種で積極的な訪問を行うチーム（AOT）が発足

## 2 メンバーを集めて考え方をそろえる

　AOTでは、鳥取医療センターで入院治療しているにもかかわらず症状が安定せず、なかなか退院できない人を対象にして退院を支援し、退院後も地域生活を続けるために積極的な訪問を行います。この活動は1人では実現できませんから、チームづくりが必要です。しかし、日本ではこのような活動は制度化されておらず、予算がありません。今いる職員でチームをつくるしかないのですが、医療現場はいつも人手不足で悩んでおり、余っている人員は見当たりません。夜勤ができる看護師には、まず病棟の仕事がまわってきます。ベテランの精神科ソーシャルワーカーは医療観察法の仕事をしなければなりません。作業療法士も心理士も、やはり多くの業務を抱えています。

　まず、病院内で勉強会を開き、目の前にいる患者さんの退院を支援し地域で支えたい、という考え方を共有しました。そして各部署との話し合いを重ねて、現実的にチームに参加できる人をやりくりしてもらうことからチームづくりを始めました。その結果集まったのは、子育て中などの理由で夜勤や残業ができない人や、元来の業務と兼務でなんとかチームに参加できる時間をつくり出せた人でした。そのなかには、チーム活動よりも1人で仕事を進めるのが好きな人がいたのかもしれませんが、このプロジェクトは何かの縁で集まってきた人で進めるしかないのです。

　本当にうまくいくのか心配でしたが、仲良しチー

・**各部署と話し合いを重ね、チームへの参加メンバーを募る**
▶ Point ❶

※側注のPointは講義のPoint番号に照応することを示す

ムをつくるのは得意なのが日本の特徴のようで、すぐに日々の活動は問題なさそうに始まりました。しかし、長期入院の患者さんの退院に関する考え方や具体的な支援の方法は人によって違いがあります。職種が違うと教育されてきた内容も違います。例えば心理士にとっては、患者さんの家を訪問し一緒に料理をして食べるのは、あまり一般的ではないでしょう。

　みんなの考え方を統一することからチームづくりが始まりました。チームメンバーはみんな臨床現場で働いているので、患者さんに良いケアをしたいという思いは同じです。そこを共有したうえで、ACTの理念や、病気が良くならなかった人の退院を支援するための知識や具体的な方法を学びました。「病院でなく地域で暮らすのがよい」という考え方はみんなが知っていますが、実際に支援の担当者になると、退院を阻むさまざまな壁にぶつかります。「病院にいるのも幸せではないか」「家族が反対しているのに無理に退院しても、本人も苦しむのではないか」などと、退院できない理由づけは簡単です。これは、医療という1つのサービスだけでは解決できない課題であり、ケアマネジメントの知識と技術が必要です。本を読んで見立てや手立ての理論と技術を勉強するほか、実際の事例検討を重ねました。多くの課題を話し合ううちに、次第にみんなの考え方がそろってきました。

・メンバーの考え方を統一するところからチームづくりを開始
▶ Point ❷

・理論の学習と事例検討会の積み重ねにより、メンバーの考え方がそろってくる
▶ Point ❶❺

## 3 お互いを知り、自分の技能を高める

　チームには精神科医、看護師、精神保健福祉士、作業療法士、臨床心理士がいます。職種が違えば着目点や責任が異なるのは当然で、利用者に対する実際のかかわり方にも違いがありますから、チームメンバーがお互いの考え方やできることを正しく知り、違いを認識することが大切です。日本では各職種の養成過程で、ほかの職種のことがあまり教育されていません。まずは職種ごとの専門性の理解を進めるために、各職種の得意なことや限界を共有しました。そして、朝から夕方まで別の職種と一緒に仕事をして責任を分かち合うという、今までの病院業務とは違う仕事を続けるうちに、次第にお互いの職種への理解が進んでいきました。

　他人のできることがわかってくると、自分のできることを高めていくようになります。療養支援は看護師、行動支援は作業療法士、心理的支援は心理士、ケースワークは精神保健福祉士と、それぞれの専門性からできることを考えていくと、精神科医の私の仕事は医学的診断と薬物療法です。多くの出来事が関係している日常生活場面では、「これは症状なのか、症状ではないのか」という質問があったときに、判断はとても難しいものです。でも、ケアマネジャーからは明快な答えを求められますし、ときには入院の判断など診断によって援助方針が大きく変わることもありますから、真剣に答えを出さねばなりません。日常の訪問場面で細かく症状を見出す方法、診察室という特別な環境の活用の仕方など、

・職種ごとの専門性を理解するために、各職種の得意なことや限界を共有
▶ Point ❸ ❺

いろいろな技術を磨く必要があり、一人で診療していたときよりもずいぶん成長させられました。

　AOTの対象者は、何らかの要因で退院できなかった人ばかりですから、無理に退院だけをすすめると本人や家族に負担がかかってしまいます。具体的な計画づくりの段階では、本人の意見を尊重する人、病棟との協調を大切にする人、理念を押し進めようとする人など、さまざまな考えの人がいます。違いはあってもいいのですが、ただ違っているだけだと、小さなチーム内でも対立や派閥ができてしまいます。チームが動くためには、最後は1つだけ結論を出し介入方針を決める必要がありますから、いつまでも対立してばかりはいられず、どこかで違いを乗り越えて妥協点を見つけねばなりません。この作業は、チームメンバー一人ひとりに少なからずストレスを与えます。この段階では、ある課題を1つの視点でみるだけでなく、細かく要因を分析する作業が必要でした。また、お互いの熱意や努力を言葉に出して認め合い、苦労を分かち合うことも必要でした。

　ときどきは仕事が終わってから、納涼会、忘年会、誕生会などといったお楽しみがありました。チーム結成1年目には看護師長さんの田舎の実家で合宿して流しそうめん、結成3年目には鳥取の豊かな自然の山奥にあるバンガローで一泊研修をしました。9割以上は楽しみばかりの研修ですが、楽しい時間を共有することで、一緒に仕事をする仲間という実感が得られて、次第に一人の人としてお互いを知っていくのです。

　このようにしてAOTは、意見の違いをストレスに感じるのではなく、お互いの違いを認め合ってさ

・チームが動くためには、対立を乗り越えて妥協点を見つけなければならない
▶ **Point** ❹

・ときにはイベントを行い、互いの人となりを知り、仲間としての意識を高めていった
　→互いの違いを認め合い、多様な考え方ができることを強みとするチームに成長していった
▶ **Point** ❸❺

まざまな考え方ができることを強みにして、1つの方向に進んでいくチームに成長していきました。

## 4 既存のサービスとの衝突

　病院には、病棟の看護チームやデイケアの多職種スタッフなどの、既存のチームがあります。ある事例に対して退院支援チームが形成されることもありますが、ときに本人のことよりもチームを保護しようとする力が強く働いてしまうことがあります。例えば支援の方針が立たず困っている事例について「それは誰が困ってるの？」という質問をすると、「結局はスタッフが困っている」という答えが返ってくる場合がそうです。単なる仲良しチームでは、退院できない患者さんを支援しようとしても簡単に限界にぶつかってしまうため、「困難事例」と表現してしまうのです。

　私たちのチームは、本人の困りごとに向き合うことから始めました。すると、「病棟では別の問題で困っている」「それは本人のワガママなのでは」といったように、既存の病棟チームとの衝突がすぐに生じました。ほかにも、医師チームから「この人は病状が悪すぎる」、地域チームから「地域生活は無理」など、たくさんの意見の食い違いに直面しました。すでにできあがっているさまざまなチームと協調するのも、挑戦するのも、とても大変なことです。この限界を突破するにはチームの力が必要です。事例ごとに検討を重ねて、誰と話をするのが最も効果があるのか、どこを妥協したらいいのかといった具体的な介入計画を練り、失敗しても事例検

・既存のチームと衝突した場合、「本人の困りごとに向き合う」ことから始め、試行錯誤を繰り返すなかで課題を乗り越え、チームが成長していった
▶ Point ❷❺

討を繰り返し、事例を通じて努力を重ねるたびに、チームが成長していきました。

## 5 チーム内の対立

　病棟で、入浴の何時間も前から「風呂に入っても大丈夫でしょうか」と何十回も確認し、少しでも不安なことがあると緊張感が高まって話もできなくなる女性がいました。食事もいつも介助が必要な人で、主治医からも看護師からも「病院でもこの状態なのだから、家に連れて帰っても生活できない」と思われていました。しかし、チームの結論は「ずっと病院にいたのでは、家庭生活からどんどん遠ざかっていく」「病院では入浴できないけど、家ではできるだろう」「入浴しなくてもいいじゃない！それよりもっと大切なことを探そう」でした。そこで、自宅に一緒に外出してみると、不思議なほど元の生活行動ができたのです。このことで私たちは「理念どおりに支援すればいいんだ」と自信を深め、喜びを感じました。

　最初の一歩を踏み出したあとには、維持の期間があります。生活の維持は大切な仕事ですが、現状維持に重きを置きすぎて、新たに出てきた課題への挑戦を避けてしまったり、変化を嫌うあまりに良い方向への変化を止めてしまうことがあります。この事例は、就労意欲を高める目的で就労継続支援事業所を利用しましたが、あるとき本人が「行きたくない」と言いました。チームのなかでは「本人が行きたくないのならやめるほうがよい」「無理強いはだめだ」と言う人と、「せっかく行き始めたのだから

やめるべきではない」「家に閉じこもると生活機能も悪くなる」と言う人とで、意見が対立しました。そこで、何のために事業所を利用しているのかを再検討し、今まで達成できたことを振り返り、事業所の利用のメリットとデメリットを詳しく検討しました。そして、行動計画について、チーム内や本人とケアマネジャーの間で何度も話し合いが行われました。これは、本当は楽しいプロセスのはずですが、意見の対立に直面していたケアマネジャーにとっては、事例検討も本人への訪問も苦痛だったことでしょう。

　このような緊張が高い状況が続くうちに、不安になった本人からチームに1日何十回も電話がかかってくるようになりました。すると、「断片的な電話では解決にならないので、電話はやめさせたい」という人と、「電話でなんとか不安を解消しようとしているからよいのでは」という人とで意見が合わず、事例検討をしても具体的な援助方針が決まらないまま、日々の訪問が続くことになりました。

　電話の回数だけ見ていても援助が組み立てられない、でも問題になっている行動を解決しないといけない……。ケアマネジャーとしても葛藤が大きい状態です。一度にできることには限りがありますから、何かの方針を決定しなくてはなりませんが、全部の責任が自分に来るように思えてつらいのです。ここでは、ケアマネジャー自身もチームで支えられているという実感が必要です。そのことで、最後はケアマネジャーが、そして利用者自身が責任をもてるようになるのです。

　このケースでは、「今日は電話の回数が少し減った」という良い変化を評価したり、行動変容には時

- 「問題行動」に対し、「チームとしてのかかわり」を考えることで、チーム内の葛藤が減り、問題も解消されていった
▶ Point ❸ ❹

間がかかることを再確認するといった視点をもつことが、計画づくりの助けになりました。また、「問題行動」は新たなニーズを発見する良い糸口になるものです。本人の困りごとである不安の解消にチームは何ができるか考えよう、チームと本人とのかかわりで楽しい活動が不足しているので計画を立てようなど、電話の回数だけにとらわれない支援計画ができたときにチームが成長しました。

この事例でケアマネジャーは、一緒に食事を食べに行く、そのために計画表をつくる、というような楽しい方法を考えました。チーム内の葛藤が減ると、電話の回数は減っていきました。あるいは、回数が多い日はあっても、そのこと自体は問題ではなくなりました。

## 6 チーム内外で相手の立場に立つ

チームで事例検討を重ね、自分のできることを高め、他のことは信頼してまかせる、という仕事を続けていると、例えば自分が看護師だとしても「精神保健福祉士だったら」「作業療法士の〇〇さんだったら」「相談支援事業所だったら」「地域の人は」などと、自然に相手の立場に立った意見が出るようになりました。たとえ相手がいなくても、あの人だったらこうするだろう、とすぐに想像できるようになったのです。

同時に、自分の仕事に価値を感じ、この事例には自分が責任をもって判断し、かかわるという責任感が生まれました。これは抱え込みではなく、いざと

・他職種への理解が深まると、自分の仕事に価値を感じ、責任感が生まれた
→最終的にはクライエントの力（ストレングス）を信じることができるようになった
▶Point ❸❹

なればいつでもチームメンバーに相談できるという、安心感から生まれる責任感です。そして、最終的には本人を信じられるようになり、本人の言ったこと（デマンド）を真剣に受け入れ、そこから本当に役立つ方針をつくることができるようになりました。チームでは、利用者と環境すべてのストレングスをみることが普通になりました。

　何でもできる（ように見える）チームは、いろいろなことをまかされそうになります。例えば病棟からは「病棟で問題になっている行動を解決してほしい」、家族からは「素直に言うことを聞くようにしてほしい」と要求されるなどです。本当はその人たちが解決すべきことなのですが、頼まれたことを代わりにやらないと、どうしてやってくれないのかとがっかりされたり、ときにはチームに怒りが向くこともあります。それをしっかり受け止め、かつその人たちが支援できるように助言できるのも、チームが成熟した段階といえるでしょう。私たちのチームは病院内に所属しているので、入院治療の質を上げ、先々は病院全体のシステムを変革していくことも使命です。

　このようなプロセスが起きることを知っているのが、チーム成熟の最終的な段階でしょう。成熟には時間がかかることを知って、見通しを立てていれば、最初のうまくいかない時期にも納得でき、しばらくたつときっとうまくいくことや、それまでに起きる議論を楽しむことができるのです。

・チームが成熟すると、チーム外からの要求を受け止め、支えていくことができる
▶ Point ❷

**レベル3** ………… **創発的なコラボレーション**
チーム内外で相手の立場に立ち、組織全体の発展に貢献する

**レベル2** ………… **役割を越えた活動**
お互いの考え方やできることを理解し、チーム内外の対立を乗り越えて柔軟にかかわる

**レベル1** ………… **円滑な連携、協力**
チームを立ち上げ、出会って仲良くなる

図表7-4　多職種チームの成熟に伴うチームワークのレベル

## 7 課題

　私たちのチームは、病院内の限られた人的資源のなかからメンバーを得ており、毎年の人事異動で人員の入れ替わりがあるため、チームづくりを繰り返さないといけません。いったん成熟したチームが元に戻るのは痛手です。私たちのチームだけではなく、同じことは日本の各機関で見られ、数年すると担当者がすっかり入れ替わってしまった、という事態が起きています。これでは支援ネットワークが安定せず、結局は利用者のリカバリーを阻害してしまいます。また、個人レベルでもエキスパートが育たない原因の1つになります。この点では限界を感じつつ、せめて私たちのチームだけでもまとまって支援が途切れないように気を配り、最初のレベルからチーム形成を始めます。
　新しいチームでも支援が途切れないようにするのは、とても気をつかいます。新しい活動を積極的に進めるよりも、今の状態を安全に維持していこうという意見が強くなり、「守り」の姿勢になりがちで

・人事異動によりメンバーが入れ替わると、最初のレベルからチームづくりを始める
▶ Point ❹

| | | |
|---|---|---|
| ①知り合いになる | 各部署と交渉、チームメンバーの決定、理念の共有 | |
| ②試行と失敗 | 理論どおりに援助を展開、課題の浮上 | |
| ③全体的な優柔不断 | 意見の対立、具体性を欠く援助方針 | 苦労の分かち合い |
| ④危機 | ケアマネジャーへの重圧、利用者の生活危機 | |
| ⑤解決 | 良いところの再確認、ニーズの見直し、楽しい活動計画をつくるためのケア会議 | |
| ⑥チームの維持 | チーム内外で相手の立場を理解、ストレングス志向、チームの発展過程を理解、システム変革に貢献 | |

**図表7-5　多職種チームの発展過程**

す。また、チームのなかで意見が対立することも増える時期です。でも、利用者の力を信じれば、メンバーの入れ替えの時期にも、大きな波乱もなく生活が継続できるのが常でした。支援を進めているうちに、利用者を中心としたチームがしっかりできあがっていたのでしょう。

　私たちのチームは、病院の意識改革も大きな使命です。メンバーが入れ替わり、AOTを経験したスタッフが他の部署に行くことにより、AOTの考え方や方法が院内に浸透し、少しずつ院内の考え方が変わっていくことを期待しています。さらに、チームの力を大きく超えるところではありますが、最終的には精神障害者の地域支援に関する日本全体のシステムを変えることに関与できれば、という思いも秘めて、日々の訪問活動をしています。

・メンバーの入れ替わりは、チームの考え方や方法を他部署に広げるチャンスでもある

参考文献
1）西尾雅明．ACT入門：精神障害者のための包括型地域生活支援プログラム，東京，金剛出版，2004，187p．

第**8**講

# 連携の効果とは

> **Point**
> ❶チームで活動することによって生産性と能力が向上する
> ❷多職種で行うチームワークにはケアマネジメントの枠組みが使いやすい
> ❸「チーム中心の組織」を形成するための最も重要な要因は構成員自身がチーム中心の考え方に変わることである
> ❹医療保健福祉領域のチームワークではチームが何を目指すかを明確にすることが重要である

## 1 チームであることの効果

　チームで活動することによって生産性が上がるという、単純な実験が知られています（エルブの実験）。アルバイターにオレンジ摘みを全員平等に行わせると、時間が経つに従って作業量が落ちてきます。これに対して、2人1組にして競争させると、次第に作業量が上がったのです。ともに行動するという状況で能力が増強する現象は、社会的促進効果と呼ばれます。

　また、能力の高い人と低い人が一緒に作業を行うと、能力差が60〜85％の場合に、低い人の能力が140％にまで増強したという研究もあります（ケーラーの力能差効果）。チームのなかに弱った人がいる際に、かえってチームの能力が増強する場合などは、社会的補償効果と呼ばれます。

　ほかに、複数のチームがいる場合に、おそろいのユニフォームを着ることで、チームの能力が実際に上がります。サッカーやプロ野球の場面を思

集団的競争効果
（2人ずつのサブグループに競争させる）
(Erev. I. et al, 1993)

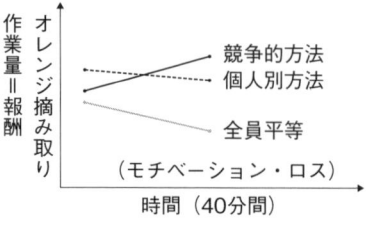

ケーラーの力能差効果／モチベーション・ゲイン効果
(Köhlers Anti-Ringelmann Effect)
(Witte. EH. 1989)

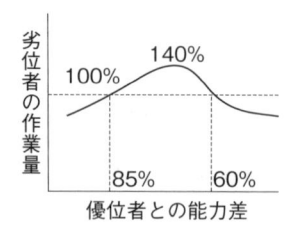

作業量＝報酬
オレンジ摘み取り
競争的方法
個人別方法
全員平等
（モチベーション・ロス）
時間（40分間）

劣位者の作業量
100%　140%
85%　60%
優位者との能力差

社会的促進（観客効果、共行動効果）
社会的補償（チームのために優位者が劣位者の不足を埋める）

**図表 8-1　プラスの協働効果**

い出します。これは社会的一体感効果と呼ばれます。

　最も単純に考えても、1人で作業することのむなしさや張りのなさと比べて、仲間と一緒に働く喜びは何物にも替えがたいものです。ともに活動することは、情緒的なカタルシスや社会的アイデンティティを確認する場でもあるのでしょう。ともに活動するというチームの営みは、効果を意識する以前に、ヒトという動物の自然な活動形態なのです。

## 2 実証的研究への道

　医療保健福祉という領域でチームワークの実証的研究が始まったのは、実に最近のことです。1980年代には「（いわゆる）良いチーム」を観察して経験則を抽出したり、モデル事例から学んだりする研究が中心でした。本格的に数量的な検討が始まったのは、21世紀に入ってからのことです。
　しかし実際の臨床場面では、こうした経験則の蓄積は実に有用です。古典的な経験則とすると、Gardner[1]は次のように整理しています。①課題に焦点を当てる、②互いの声を聞く、③互いに寛容で、違いに関する議論を続ける、④明確で単純な言葉を使う、⑤互いの人間的および法的な権利を保障する、⑥相互作用を促進し、葛藤を弱める、指導性を加える、⑦個人的にも互いを知る、としました。

| 原則<br>(Principles) | ❶ 照会 (Referral) …十分な情報、利用者との話し合い<br>❷ 査定 (Assessment)<br>　1…総合的、生物心理社会的／生活歴・現病歴など　2…特定の査定<br>　3…再入院時の更新<br>❸ 計画策定 (Planning)<br>　1…多職種による計画策定　2…問題解決、責任共有<br>　3…チームによる方針／優先順位、役割分担、仮説など<br>❹ 実施および治療 (Implementation and Treatment)<br>　1…個別性　2…職種の統合<br>❺ 評価 (Evaluation) …継続的、特定評価など |

**図表 8-2　多職種協働チーム運営基準** 文献2) より作成

　多職種協働チームの運営基準を、カルガリーの Beverley ら[2]が提案しています（図表8-2）。すなわち、①照会（十分な情報、利用者との話し合い）、②査定（生物心理社会的という総合的な見立て）、③計画策定（多職種による計画案、優先順位、役割分担）、④実施（個別性の重視、職種の統合）、⑤評価（継続的評価、特定の項目評価）といった項目です。要は、多職種で行うチームワークにはケースマネジメントの枠組みが使いやすいものと思われます。

　最も初期の実証的研究は Wheelan ら[3]が行っています。チームの発展形態として古典的なタックマン・モデルがあります。Wheelan らはこの発展形態をモデルに、「集団発展評価尺度（GDQ）」を開発しました。この尺度は、①依存と包含：構成員それぞれがわが道を歩んで葛藤の少ない状況、②対立と依存：意見が異なって、リーダーに文句が出るが、集団の緊張には至らない、③信頼と構造化：互いに信頼し、計画的に組織化されている、④作業と生産性：生産性について議論され、構成員は決定に従う、という4段階構造になっています。この尺度を用いて、17か所の集中治療室（ICU）に5日間参加しながら採点し、その結果、死亡率が低く遂行性が高い ICU チームと GDQ が相関することを確認したのです。

　オーストラリアの Mickan[4]は、病院マネジャー39人に面接調査し、そこで得られたチームワーク構成要因から「保健チーム評価尺度（THI）」を開発しました。職員202人を対象に測定した結果、4つの主題と6つの鍵となる特性が抽出できました。すなわち、①チーム環境では「目的」

が最大の因子であり、②チーム構造では「ゴール」が、③チーム過程では「リーダーシップ」「コミュニケーション」「凝集性」が重要で、④個人的貢献では「相互の敬意」が最大の要因でした。

## 3 影響する因子

　チームワークを規定する因子は多様であり、Lemieux-Charles らはすべての要因を俯瞰図として示しました（第2講参照）。多因子であることがチームワークの効果研究を困難にしており、実践的にチームワークを改善するといっても、単純な対策だけですまないわけが、ここにあります。

　イギリスの国民保健サービス（NHS）では、20世紀末に、100 のプライマリケアチーム（PCT）、113 の地域精神保健チーム（CMHT）、193 の二次保健チーム（認知症、小児、緩和ケアなど）を対象にした大規模なチームワーク研究を行いました[5]。その結果、①構成要素がチームの改革と効果に影響する、②チーム過程はチームの改革と効果に強く影響する、③チームワークの質はケアの質と直接的に関連する、④急性期病棟ではチームとして働くことで死亡率が下がる、⑤効果的なチームであるほど構成員のストレスが少なく離職率も低い、⑥効果的なチームは柔軟性が高く組織の変革に対応する、⑦リーダーに関する葛藤はチームを破壊する、といった成果が得られました。

　研究委託を受けたアストン大学のチームは、政府に対して次のような提言を残しています。①効果的なチームワークの条件は目的が共有され個々人の役割が明確であること、②チーム構成員の選定は、専門技術ばかりでなくKSA（知識〔knowledge〕、技能〔skill〕、態度〔attitude〕）を考慮すべき、③チーム構成は長期的には多様であることがよさそうである、④指示的管理的なリーダーよりも参加型のリーダーシップが求められる、⑤ハックマンモデルに基づいて、目標、人的資源、情報、研修、フィードバック、技術的助言という6領域を検討すべき、⑥「チーム中心の組織」を形成すべき。その後のイギリスでは、実際にチーム中心の組織を形成するために、職種別に断絶していた教育体系が多職種チーム中心の人材育成

「チーム中心の組織（team-based organization）」を形成すべきである

| 組織的条件 | 報酬は個人競争としない、情報を公開、技能研修、コーチングなど |
|---|---|
| チーム構造 | 多様な専門性とバランス良い属性配分、明確な目標、課題の動機づけ、わかりやすいフィードバック、非権力的なリーダーシップなど |
| チーム過程 | 十分な動機づけ、適切な能力、課題遂行の戦略など |

チーム構成員自身がチーム中心の考え方に変わること

**図表8-3　イギリスの研究による提言**<sup>文献5）より作成</sup>

システムに向かっています。

「チーム中心の組織」を形成するための要件として、報酬を個人的競争に設定せず、情報をオープンにし、職員のコーチング機会を増やし、多様な専門性とバランスのよい属性配分、明確な目標、課題への動機づけ、わかりやすいフィードバック、非権力的なリーダーシップ、十分な動機づけなどの項目があげられています（図表8-3）[5]。しかし、最も重要な要因は、チームの構成員自身がチーム中心の考え方に自分を変えることであると結んでいます。

## 4 効果とは想定するもの

イギリスの研究では、チームワークの効果とは何かについても検討されました。その結果、チーム自身の目標もさまざまなので、注目すべき効果の項目は、むしろ自分たちが決めるべき社会構成的なものであることを明確化しました。この研究におけるチームワークの効果測定は、例示された一連の指標から各チームが選択して、一定期間後の改善と比較する形式を採用したのです（図表8-4）。

内部志向的で柔軟さを求めるチームは、チームワークの質、専門性の向上、構成員の満足などを効果指標として設定しました。この群は「人間関係モデル」と総称されます。内部志向的で制御を求める群は、資源の有効活用、ヘルスケアシステムの見直しなどを設定し、「内的過程モデル」と

効果指標はチームの価値観によって異なるので、それぞれのチームが自分たちの指標を選定する

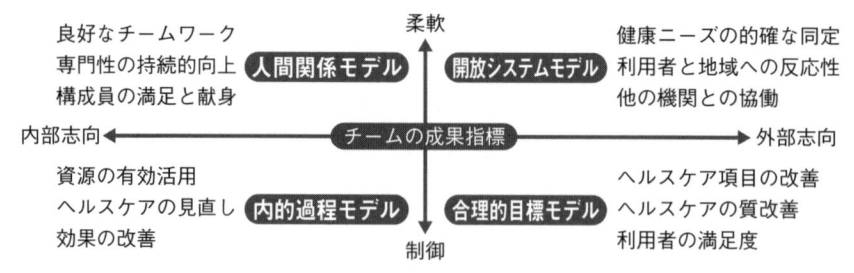

```
              柔軟
 良好なチームワーク          健康ニーズの的確な同定
 専門性の持続的向上 人間関係モデル 開放システムモデル 利用者と地域への反応性
 構成員の満足と献身          他の機関との協働
内部志向 ←――― チームの成果指標 ―――→ 外部志向
 資源の有効活用           ヘルスケア項目の改善
 ヘルスケアの見直し 内的過程モデル 合理的目標モデル ヘルスケアの質改善
 効果の改善             利用者の満足度
              制御
```

**図表 8-4　相対的価値モデル**

総称されます。外部志向的で柔軟さを求めるチームは、健康ニーズの同定、利用者と地域の反応性、他機関との協働など、「開放システムモデル」と言えます。外部志向的で制御を求める群は、ヘルスケア項目の改善、ヘルスケアの質の改善、利用者の満足度など、「合理的目標モデル」と言えます。

医療保健福祉領域におけるチームワークでは、効果を検討しようとする際に、そのチームが何を目指そうとするかが問われるのです。

引用・参考文献

1) Gardner, JF. Interdisciplinary team process and individualized program planning. Gardner, JF. eds. Program issues in development disabilities. Baltimore, Brookers Publishing, 1980.
2) Beverley, L. et al. Development and evaluation of interdisciplinary team standards of patient care. Health Care Management Forum10(4), 1997, 35-9.
3) Wheelan, S. et al. Assessing the functional level of rehabilitation teams and facilitating team development. Rehabilitation nursing. 21(2), 1996, 75-81.
4) Mickan, SM. Evaluating the effectiveness of health care teams. Australian Health Review. 29(2), 2005, 211-7.
5) Borrill, CS. et al. The effectiveness of health care teams in the National Health Service. Report, 2006.

【実践事例】
# 難病の方を継続支援するなかで見えてくる連携の重要性と効果

■障害者支援センター ラフ・ラム
# 山下浩司

## 1 事例概要

　58歳男性。脊髄小脳変性症発症。中学校教諭であったが、転倒等が目立つようになり、退職。自宅療養されるなかで日常生活に不便が生じ、来所相談される。

　同居は51歳の妻。妻も就労していたが、介護のために退職しなければならないかと悩まれていた。息子1人（県外で就学中・大学2年生）。

　数か月単位で機能低下され、最後まで自宅で看たいとの本人・家族の希望をかなえながら医療・保健・福祉関係者が連携し支援を行った。

・「最後まで自宅で看たい」との希望をかなえるのがチームの目標
▶ Point ❹

## 2 出会いの場面

### (1) 初期の状況把握

　最初に本人と出会ったのは、「最近、転倒することがあるので、家に手すりを付けたい」と、本人が相談のために来所されたときである。

　早速、自宅を訪問してみると、その時点では、元気な様子でソファーに腰掛け談笑されていた。状況をお聞きすると、「ここ数か月転倒することがあり、

日常生活にも差し障りが出ている。立ち上がりもだんだんスムーズにできなくなっているので、手すりでもあれば自宅では安心できるのだが……」とのことであった。

　1年前に脊髄小脳変性症の診断を受け、勤めていた学校も退職しており、自宅で過ごす時間が増えていた。妻も仕事を辞めるか迷っている状態、息子は県外の大学に就学中であり、頻繁に帰省することは困難な状態であった。

　自宅は農村部の静かな住宅地で、近隣との地縁関係も強く、地域の人々の協力関係も構築されている地域であったが、そういった地域性ゆえに、病気のことが地域全体に知られることを非常に気にされている様子であった。

## (2) 疾患に対する受容過程の確認

　本人の身体状況は、最近転倒する場面が多いとのことであったが、床からの立ち上がりは自力のみでは困難、ソファーからは何とか可能、歩行もゆっくりであればできるが、急ぐと交差できなくなり転倒する。視力が定まらないことが増え、文字を読むのが苦痛になってきている。脊髄小脳変性症についての理解は、大まかな疾患内容は理解できているが、今後の病状の進行についてはイメージがわかない。また、どれだけの支援・介護が必要かの認識ができない状況であった。

　診断を受けた直後から、「仕事が二度とできなくなる」「収入が減る」等の不安は先行しているが、進行すれば「病院に入院せざるを得ない」的な認識でしかない状態であった。

※側注の Point は講義の Point 番号に照応することを示す

しかし、本心ではこのまま在宅での生活を何とか維持したいとの想いが、表情や言葉の端々から垣間みられた。

・「在宅での生活を維持したい」という想いを汲みとる
▷ Point ❹

### (3) 関係者の認識（知識）と本人・家族の認識（知識）の違い

この段階で、医療・保健・福祉関係者の勉強会の場（これは定期的に開催し、それぞれのケース紹介や対応方法を検討する場である）でケース紹介を行っているが、関係者の意見は、「脊髄小脳変性症の対応はスピードが大切だから、最終的に器官切開場面を想定して支援を組むべき」「介護力がどれだけ確保できるか、早急に本人・家族・各事業所等に確認すべき」等の意見がそれぞれの立場から出された。

そのなかで、一人の関係者から、「本人・家族は難病の進行について本当に理解していて、そのうえで在宅での生活を望んでいるのですか？」と素朴な質問があり、関係者一同、確かに医療・保健・福祉の立場で意見は言えるが、その支援方針の中心となる場面の設定と本人達の認識の確認が不明確であったことを痛感させられた。

・チーム会議にて本人・家族の病識について再確認することが重要であることに気づく
▷ Point ❶

## 3 具体的な支援方針の決定

### (1) 家族の心理的葛藤との調整

家族にとっても、ある日突然の「難病であるとの告知」は、これまでの生活が根底から覆り、何から

・家族の心理的葛藤をアセスメントする
▷ Point ❷

手をつけたらよいか、何をしたらよいかも判断できない状況に陥り、さまざまな葛藤を生む。

本人もまだこれからの生活のイメージができない状況であったので、まずは本人・家族に基本的な疾患理解をしていただき、将来の生活のイメージをつけていただく必要があった。

そのなかで、他に同じ病気で生活している方のお話を聞きたいとの希望があったので、同市内で、脊髄小脳変性症を発症しながらも在宅で生活されている方にお話を聞くことになった。

・本人に将来の生活イメージをつかんでもらうためにピアを紹介
▶ Point ❷

会われた時は多少ショックを受けられたようであったが、意思伝達装置を通じて、お話をされるなかで、徐々に生活イメージ、介護状態のイメージ等もつかまれ、これから何をやるべきか、かなり具体的に考えられるようになられた。

この時に初めて明確に、「在宅での生活を最後まで希望する覚悟」を持たれたように感じられる。

この時の出会いから、その後もお付き合いは続き、常に情報交換を続けることになる。

## (2) 生活するための経済面の確認

本人は仕事を退職し、妻も仕事を退職し介護を行うとなると、生活費等の捻出をどうするかは大きな課題であり、今後の2人の生活費、介護・医療費、用品にかかる費用計算をする必要があった。

・新しい生活に対応するための金銭面の確認を行う
▶ Point ❷

そのためには、疾病保障や退職金、障害年金等をどうするか、将来の妻の生活費をどうするかも含め、本人の意志が確認できる時期にきちんと話し合う場面設定が必要であった。

そこで、社会保険労務士・司法書士等と連携を

とって必要経費の見積りを行い、今後の生活費の確保を含め検討を行った。

生活支援のなかでは、必ず生活費を含む金銭問題は避けて通れない問題であるが、福祉関係者には苦手な部分でもある。

当時者の判断能力低下がともなう場合は、管理方法ばかり検討される傾向が強くなったり、反対に管理面の解決をしないまま支援を継続し、最終的に金銭問題で支援が中断するといったこともあり得る。

その意味では、将来にかかる収入・支出については、早期に行政書士・司法書士・弁護士等の法律関係者と連携し、場面ごとに情報提供してもらえる体制を整備することが必要である。

## (3) 社会的認知度

「脊髄小脳変性症」という疾患は、なかなか一般の方には具体的に認知されていない。

特に、先に記載したような、地縁関係が強く、周辺住民がすべて知り合いのような地域では、難病を含む特殊な疾患の場合は、なかなか理解してもらえなかったり、もの珍しく噂されることが多い。

これは関係機関内でも起こり得る問題である。特に対応に慣れていない機関では、相手の心情を逆なでしたり、不愉快な思いをさせるような態度が悪気なく行われる可能性が高いので、進行性難病への対応方法について、全体的な研修が必要であった。

この時点で開催した研修会で、支援する関係者の意識が明確になり、関係者間の連携も急激に強くなったように感じられる。

・専門職に向けて進行性難病対応の研修会を開く
↓
**関係者の意識が明確になり、連携も強まる**
▶ Point ❶❷❸❹

# 4 計画の策定

## (1) 介護保険・総合支援法の関係・連携：それぞれの法の効果的運用

　サービス提供当初は、本人も58歳であり、脊髄小脳変性症で難病としての手続きを行っていたが、サービス提供に関しては介護保険を優先して利用することになる。

　当初は介護保険のみでも充分に対応できていたが、病状の進行とともに要介護度を区分変更し、最終的に要介護5となった時点でサービス不足分を障害施策である障害者総合支援法で補う調整が必要であった。

　それぞれの区分認定等には、申請から決定までの期間がタイムロスになるので、数か月後を睨みながら、タイムリーに施策が組み入れられるように調整する力が必要になる。

　また、これまで介護保険で派遣されていた訪問介護に加えて、部分的に障害者総合支援法の訪問介護を実施する場合、それぞれの役割、それぞれが支援できる内容の違いから戸惑いがみられた。

　特に派遣元が同一事業所であればスムーズに理解される面が多いが、他事業所、場合によっては複数事業所にまたがる場合、特に連携が重要になり、日ごろからの連携体制を構築する内部システムが必要になると感じられた。

　最終的にこのケースにかかわったのは、以下の諸機関である。相談支援専門員、介護支援専門員、ホームヘルパー（介護保険・総合支援）、医師、訪

・異なる制度をまたがって利用する
▶ Point ❷

問看護師、訪問リハビリ、建築士、司法書士、当事者（ピア関係者）、福祉機器メーカー。

## (2) 徐々に低下する機能に対する対応策とこまめなプランの見直し作業

　脊髄小脳変性症の場合、段階的に支援の内容が変化する。これは月単位、場合によっては週単位でも変化が起こる可能性が大きい。「昨日までできていたのに、今日はできない」「何となく苦しく感じる」「何となく力が入らないように感じる」等、本人が抱える不安は一種不定愁訴的な面もあるが、その1つひとつを的確に把握して、その対策も含めプラン作成を行い、モニタリング時にはこまめな把握が必要になる。単なるサービスの提供プランではなく、段階的変速機能を持ったサービス計画の提供が大きなポイントになる。

　この判断を的確にするためには、日常の情報の収集が最も大切であり、日常かかわる機関、家族との密な連携が重要になる。

## (3) 最終的に情報が集まるリーダーの設定

　日常生活のなかでの細かな問題は、その場その場で解決される場合が多いが、充分に解決されない場合、徐々に本人や家族のなかで不安や不満として蓄積される。

　そこで、どれだけ細かい変化でも、きちんと情報が集約される仕組みが必要である。

　よく見られるのは、「連携が大切」といいながら

・進行性の疾患のためこまめなプランの見直しが必要になる
▶ Point ❷

・的確なプラン変更のためには密な連携が重要である
▶ Point ❸

各機関内のみで解決しようと必死になり、他機関への情報発信がおろそかになりがちなケースである。本来は、常に情報が集約されるなかで、中核となる担当機関が適切に情報発信をする必要がある。

また、その情報が最終的にきちんとチームのリーダーに集約されるように、どの機関がリーダーなのか全体で共有する必要がある。

このケースでは、毎月1回担当者会議を開催し、業務内容の確認を行った。また、「連携ノート」を作り、各機関の業務内容や本人の状態を全機関が把握できるようにした。そして、それらの情報を必ず介護支援専門員に集中させるように連絡体制を構築した。

# 5 サービスの実施

## (1) 実施段階で見えてくる連携の重要性

サービス提供段階で、それぞれの機関がサービス提供を開始すると、立場によって必要な情報などの内容が変化する。特に医療と福祉の連携においては、それぞれの立場を理解することが重要になってくる。

初期段階で、身体的介護のみが主になっている段階では表面化していなかったが、医療を導入する段階に入ると、医療行為がどの場面で必要になるのか、介護保険でできる支援と障害者総合支援法でできる支援の違いなど、多種多様な職種が同一世帯に入ることにともなう調整が必要になった。

異なる価値観と専門性をもつ多職種が何度も議論

・医療・介護保険サービス・障害者支援機関が、互いの立場を理解することが重要である
▶ Point ❸

を重ねるなかで互いの理解が促進され、本人の希望に添った支援を展開していくことができた。また、多職種の相互理解が進むことで、それぞれの職種の役割がより一層明確になり、より高い目標を目指すことが可能となった。

## (2) 同じ立場（ピア）の方々が集まるなかで見えてくる風景

　在宅での生活が長期化すると、家族の精神的疲労等も増え、生活の中心が介護のみになり、「なぜ自分だけがこんな辛い思いを……」といった思いが募ってくる。親族等も入所や入院を勧めるようになり、「いくらサービスで支えても、介護者が疲弊する状態では……」との訴えが増加してくるようになる。そうした気持ちや声に対しては、単に、「本人の意志だから」「家族の意向だから」といった答えを返すのではなく、介護する方が笑顔になれるような支援が必要である。

　家族の行き詰まった気持ちをやわらげるのに、「介護者の集まり」「ピア的な集まり」等は非常に有効に働いた。

　1泊2日で「介護者の集い」に参加された折には、帰って来られると、笑顔で「自分だけかと思っていたが、もっと大変な介護をされている方の話を聞けてよかった」「自分はまだまだ楽なほうだった」等の感想を口にされ、新たな気持ちで介護に向かうことができたようだ。

　こうしたことを考えると、我々は連携の対象を専門職だけに限定するのではなく、クライアントと同じ経験をもつ「ピア」の方々も連携対象として視野に入れていくべきであろう。

# 6 サービス提供の評価

## 継続的評価と見直し作業での連携

　支援を継続していくなかで一番大切なのが、評価の場面である。特に進行性の疾患の場合は、状態の変化が著しいため、評価・見直しの場面で的確にケアプランが変更されないと、状態に合った支援が行われなくなる可能性が高い。また、専門職だけが納得できる評価では不充分である。その意味で、関係者相互の意見を適切に集約・反映し、家族・本人が納得できるよう説明を行う過程が重要であった。

　特に、意志表示が徐々にできなくなる本人の同意をどのようにとるかは重要である。そのためのコミュニケーションツールの利用は重要なポイントになる。重度化しコミュニケーションが充分にとれなくなればなるほど、本人の意志が軽視されがちになるが、コミュニケーションの方法を探す努力が必要である。どの方法で本人に情報を伝えるか、どの方法で意志を把握するかのインプットとアウトプットの方法は、評価段階で明確に位置づける必要がある。

# 7 まとめ

## (1) 単に連携するだけでは効果は生まれない

　連携の重要性は各機関ともに充分に理解している

が、より効果的に連携するためには、日常的な「つながり」が重要になってくる。この事例の対応を行った各機関は、在宅生活を支援するセミナーを定期的に20年近く開催してきており、その場を通じて顔を合わせる機会、一緒にケース検討を行う機会を蓄積していた。そうした積み重ねがあったからこそ、多職種による真の意味の連携ができたのではないかと考える。

このセミナーは、医療・保健・福祉関係者が自主参加で隔月1回開催しているが、課題検討も含めそれぞれの立場で意見交換できる点に大きな意義があると考えている。

・日ごろの「つながり」が連携を生む
▶ Point ❸

## (2) 利用者を中心にした適切な手立て等の必要性

判断能力が低下したり、判断困難な状態にある方の場合、本人の意志確認が非常に困難である。したがって、本人の生活史を中心にした基本情報や、これまでの支援の経過のなかで本人が表出した行動（場合によっては問題行動を含む）などを1つひとつひも解く作業が必要となる。

支援が軌道に乗ると、支援者側の価値観で物事を決めやすくはなるが、そうした状況に甘んじることなく、本人の意向をていねいに確かめながら最も適切な手立てを探っていくことが肝要である。

## (3) 連携の効果

支援が軌道に乗り、本人・家族と支援者の関係性が築かれてきたころ、まだ自ら意志表示ができてい

た本人から、「最初は生きていくのさえ嫌になった時期もあったが、いろいろな人に支えられ、いろいろな体験をするなかで生きていく勇気が湧いてきた。皆さんと出会えたことが一番の支援だった」との言葉が聞かれた。支援者にとっては何よりもありがたい言葉であるが、これもひとえに関係者が1つのチームとしてまとまり、本人を支えていく姿勢を共有していたからだと思われる。利用者に前向きに生きていく勇気をもってもらえる、これこそ連携のもっとも大きな効果なのではないだろうか。

　このケースでは、意志表示もできなくなり全介護状態になった現在も、当初の意志どおり在宅生活を継続されている。当然、関係機関の連携も変わらず続いている。

　さらに、このケースで培われた「連携力」は他の方の支援にも脈々と受け継がれ続けている。

- しっかりとした連携を行うことで本人の「生きる力」を引き出すことができた
  ↓
  他ケースへもつながる
▶ Point ❶

第 **9** 講
# 人材を育てる

> **Point**
> ❶ 人材管理と人材育成は車の両輪である
> ❷ 地域ケアや慢性疾患の時代において、他職種と連携する技能を身につけるのは死活問題である
> ❸ 人材育成の基本は OJT（on-the-job training）である
> ❹ スーパービジョン体制の構築も人材育成にとって重要な取り組みである

## 1 人材育成と人材管理

　あたり前のことですが、チームワークにとって欠くことのできない要素として、チーム構成員の能力の問題があります。これまでに述べてきたチームワークの要因をどれほど整備したとしても、そこに集う人々の能力が不足している場合は、もちろんチーム全体としての能力に限界が生じることでしょう。

　人材教育の分野において能力（competency）とは、専門的な知識（knowledge）と、特定の技術（skill）、価値観や構え（attitude）を総合して、KSAs と呼ばれています。こうした能力の育成は、基盤となる潜在能力の上に基礎資格教育があり、現場では新たな知識学習と新たな技術習得を重ねつつ、経験を蓄積することで成熟するという過程を踏みます。

　さて、優れたチームワークを実現する能力とは何でしょうか？　少なくとも医療保健福祉に関する専門的能力ではなさそうですし、単なる性格といったものでもなさそうです。ここに含蓄のある問いがあります。すなわち、「100 匹の虎を率いた 1 匹の羊という軍団と、100 匹の羊を率いた 1

**知識**
- ●モデル共有　●チームワーク技術の理解
- ●チームの目標や任務の理解
- ●境界を乗り越える意味
- ●メンバーの役割と責任
- ●キュー・ストラテジー（戦略）

**技能**
- ●適用性　●状況認識共有
- ●遂行性のモニタリング
- ●リーダーシップ
- ●対人関係　●連携技術
- ●コミュニケーション　●意思決定

研究レビューによって130技能を整理
A core set of skill dimensions

**態度**
- ●チームワークへの態度　●チームの発想　●集団志向　●集団的効力感　●凝集性
- ●相互信頼　●ビジョン共有

チームとしての能力を増すために、知識（K）、技能（S）、態度（A）のそれぞれを高める。

**図表 9-1　チーム・コンピテンシー（チームとしての能力）**

匹の虎という軍団が闘ったら、どちらが勝つだろうか？」
　場面や状況を変えて、古今東西の戦史がさまざまによみがえります。少なくとも、チームの能力は個々人の能力の単純な積算ではなさそうです。リーダーシップやフォロアーシップという能力が優れていれば、個々人の能力が最大限に引き出されるでしょう。では、単に命令遵守、組織服従といった能力がチームワークを向上させるでしょうか？　それは硬くてもろいチームにすぎません。おそらく、そこに個人の創造性や個性がかみ合ってくるべきだと想像されます。最初の問いの答えはというと、結局、勝者は総合的なチームワーク能力の強弱によるわけです。ここではアメリカ合衆国の軍隊で用いられているチーム・コンピテンシー[1]という概念について、図で紹介しておきます（図表9-1）。
　機関や組織というものには管理者が必要で、管理のなかには人材管理が含まれており、人材管理と人材育成は車の両輪のようなものです。チームワークの教育も本来は組織的な責任事項です。医療保健福祉の領域では、今のところマニュアルやガイドラインに落とせるほど明確になっていないために、チームワークは現場の管理にまかせられているのが現状です。一方、諸外国に展開した日本の製造業では、生産性に直結するチームワーク研修が最大の課題になっていると聞きます。

## 2 インタープロフェッショナル・エデュケーション

　特に医療保健福祉の領域では、チームワークを阻害する大きな要因として、職種独自の価値観や考え方という障壁があります[2]。言葉づかいから手順まで、互いが蛸壺の中にいるように、他職種の文化には妥協しない現象があらわれてしまいます。それぞれが高度な専門性を実現するためには、行動や考え方を安易に変えるわけにはいかないのはもっともかもしれません。

　古典的な病院医療や急性期治療の場面では、そうした各職種の聖域が守られながら役割分担ができてきました。しかし、地域ケアや慢性疾患の時代に入ると、どの職種も1人で作業を完結できません。また、最終的な選択は患者の側にあり、専門職集団として1つに合意された対応が求められるようになりました。多くの他職種と協働し、多くの他機関と連携する技能を身につけることは、現代の医療保健福祉領域の専門家にとって死活問題となったのです。

　養成校を卒業して専門職として自立してから、あらためて他の職種と協働しようとすると、相手の価値観や手技が理解できないまま、結局引きこもってしまいます。そこで、専門職連携教育（interprofessional education；IPE）という動きが始まりました。養成校の段階から他の専攻学生と活動をともにして、互いの価値観や考え方を知ることが目的です。地域課題を題材にした集団による問題解決型学習（problem based learning；PBL）などが採用されるので、同時にチームワークの教育も行われます（図表9-2）。

　わが国でも、看護師、ソーシャルワーカー、理学療法士、作業療法士といった職種を目指す学生の合同教育プログラムが全国的に展開中ですが、まだまだ医学生を取り込めていないように思えます。日本でIPEが展開しない最大の要因は、実は指導する教員自身が他職種と協働した経験がなく、指導する専門職団体も積極的にシステムを改変しようとする気がない点であろうと推測されます。

```
|  1年  |  2年  |  3年  |  4年  |
```

教養科目群

専門科目群

共通専門基礎科目群

連携と統合科目群……●ヒューマンケア論 ●フィールド体験学習
●インタープロフェッショナル演習

S大学（2006年〜）の例
　自律した領域の専門家として、専門的役割を遂行し、ほかの職種を理解し、尊重し、支援して、専門職連携ワーク（IPW）を実践するための能力を育成する教育

**図表9-2　専門職連携教育（IPE）**

# 3 on-the-job training

　人材養成の基本は、勤務している現場で、意図的・継続的に訓練することです。これをon-the-job training（OJT；実務研修）と称します。勤務場所以外で研修を受けることはoff-JT（外部研修）で、自分で勉強することは「自己啓発」と呼ばれます。

　私が精神科医の研修を始めたとき、最初に閉鎖病棟に患者として入院させられました。次に清掃チームの一員、次に社会事業部所属、そして臨床心理士のチーム、作業療法士のチームに入り鍛えられたので、他職種の方々の偉さにほとほと感服してから医局に戻りました。病棟などで医師の実践的な動きを指導していたのは看護師集団でした。その後の半生、こうした他職種のいない環境で働いたことがなく、独立した医師としての仕事ができないくらいです。思えばチームワークの初期研修としてはよいアイデアだったと思います。

　日常的なチームワーク研修としては、ともに事例を見つめ、ともにかかわり、悩みや喜びをともにする営みを越えるものはありません。実践的には、多職種による事例検討会（ケア会議）の積み重ねです。単に情緒的な共感や「足並みをそろえる」といっても、具体的な事例の理解と５Ｗ１Ｈが明確なプランが存在しないところでは、コミュニケーションがすれ違う

ばかりです。入院時検討とか困難さをテーマにした検討会は開きやすいのですが、回復した後の評価のためとか、退院して数か月後の情報紹介なども意識して組み入れるべきでしょう。チームワークの成果をともに味わうことこそ、チームを強化する要因になるからです。

同様に、死亡事例や自殺事例についても、あらためて事例検討をしておくべきでしょう。事実としては関係ないのに、誰もが自分の行動を責めていることも多いものです。チームとしての修復が必要な場面です。

## 4 スーパービジョン

医療保健福祉の領域では高度な対人関係能力が求められるため、その職場にいるだけで人材が育成されるわけではありません。医師の場合のオーベン−ネーベン関係、看護師のプリセプター制度、臨床心理士のスーパービジョン体制などが必要です。わが国では、ソーシャルワーカーの方々にスーパービジョンの体制が整っていません。互いが尊敬し合える専門職種であり続けるために、互いの教育事情も心得ておきたいものです。

チームワークに関するスーパービジョンとなると、非常に限られた報告しかありません。少なくとも、チームワークの技能を向上させるためには、誰か1人が別の場所で学んで戻ってきたとしても、実践できないとされています。シカゴのCorriganら[3]は、指導者が現場に乗り込んで行う「双方向的スタッフ研修」（IST）を開発しています。

第1段階は、研修トレーナーが送り込まれ、プログラム委員会を設け、まずチームワークに関する職員のニーズ調査を行います。第2段階では、職員全員参加のもと、この職場で行うチームワーク研修のプログラムを開発します。第3段階が実施で、評価も同時に行います。第4段階がプログラムの維持で、継続的に質の評価を重ねます（図表9-3）。

こうした介入の結果、燃え尽き症候群が減少し、プログラム開発の意欲が高まり、職員の問題行動が減り、チームの結束力と利用者の満足度が相関したと報告されています。

```
組織への導入…スタッフのニーズ調査  ●研修トレーナーが現場に乗り込む
事業の開発…全員参加の意志決定     ●事業委員会や推進者といった構造を
                                      設定する
事業の実施…試行・評価             ●多段式戦略に従って実施する
事業の維持…継続的な質の評価        ●継続的に質を改善する
                                   (continuous quality improvement ; CQI)
```

(interactive staff training. Corrigan, PW. 1997)

**図表 9-3　双方向的スタッフ研修（IST）**

引用・参考文献

1) Cannon-Bowers, JA. et al. "Defining competencies and establishing team training requirements". Team effectiveness and decision making in organizations. Guzzo, RA. et al eds. Sun Francisco, Jossey-Bass, 1995, 333-80.
2) 松岡千代．ヘルスケア領域における専門職間連携：ソーシャルワークの視点からの理論的整理．社会福祉学．40(2)，2000，17-38．
3) Corrigan, PW. et al．チームを育てる：精神障害リハビリテーションの技術．野中猛監訳．東京，金剛出版，2002，176p．

【実践事例】
# ケアマネジャーの人材育成

株式会社フジケア
白木裕子

## 1 看護における人材育成の仕組みとケアマネジャー育成の課題

### (1) 看護における人材育成の仕組み

　私は、ケアマネジャーの仕事に就く前、総合病院の看護師として勤務していました。

　そこで看護学生の実習や新人の教育担当に直接携わっていたこともあり、現在、通所介護やグループホームなどの事業所において介護職の人材育成を図る際には、それらの経験を踏まえて対応していることが多いのではないかと考えています。

　看護の人材育成の仕組みは、医学や看護学の発達とともに長い歴史のなかで培われてきたものであり、単に知識や技術の習得だけでなく、実習等を通じて実体験を学ぶことを大切にする徹底した現場主義が貫かれています。

　看護学校のカリキュラムでは、医療機関の現場において、患者さんに対するアセスメントと看護計画の立案を行うとともに、実習指導者や担当教官の管理の下で食事の介助や清拭(せいしき)などを含む実習課程が位置づけられており、熟練者から直接指導を受ける仕組みとなっています。

　現在、看護職を目指す人の多くは核家族のなかで育ち、祖父母などの高齢者に対して直接的なお世話

・看護師の教育課程には現場での実習が組み込まれている
▶ Point ❶

をした経験等がないため、こうした実習において初めて介護が必要な高齢者と接したという者も少なくありません。

　仕事に就く前の段階で、実際の現場を経験することは、職に対する適性を自ら判断するうえでも大変大きな意義があると思います。

　対人サービスである看護の仕事は、考え方や価値観などを含めて職に対する適性がとても大切であると思います。職に対する憧れやイメージ、ましてや報酬の高低で選択するものではないと考えています。

　看護の現場においては、慢性的な人材不足が続いており、人材の確保は重要な課題となっていますが、学生を指導する場合、その適性をしっかりと見極めて人材育成を図っていくことが患者さんやその学生自身のためにも不可欠です。

　在宅で中重度の要介護者を支援するには、さまざまな専門職によるチームケアが必要となりますが、看護は医療と一体的に提供されることから、看護職は医師をはじめとするチームの一員として自分の役割をしっかりと認識し、さまざまな職種と連携を図りながら対応する術を実務のなかで学びます。

　国家試験に合格して病院に就職すると、日常の業務がすべて学習であり、そのほかにも新人研修、卒後6か月研修、病棟勉強会、症例カンファレンス、学会参加等、専門職として課題や新たな知識・技術を身に着けるために系統立てて学ぶこととなります。

　このように看護職については、一人前の専門職としてスキルを高めていくために必要な専門的な知識、特定の技術、価値観や構えに関して、その養成

・看護領域では実務のなかでスーパービジョン機能を包含した人材育成の仕組みが確立されている
▶Point ❶❸❹

段階から現場の実習等を通して熟練者から直接指導を受けるなど、スーパービジョンの機能を踏まえた人材育成の仕組みが確立されていると言えます。

## (2) ケアマネジャーの人材育成の課題

　一方、介護保険制度の要といわれるケアマネジャーについては、制度創設とともに誕生した新たな専門職であり、その人材の育成については、看護職のように十分な仕組みが確立されているとは言いがたい状況があると思います。

　ケアマネジャーの資格は、介護福祉士、社会福祉士、看護師など、保健・医療・福祉の分野で一定期間従事した経験のある者が筆記試験に合格するだけで取得することができ、しかも、資格取得後はすぐに実務に就くことができるようになっています。

　また、ケアマネジャーの業務は、一般的にケアプラン等の書類作成とサービス提供事業者と利用者との調整が中心となるため、ケアマネジャーは一人仕事になりがちで、他のケアマネジャーから意見を聞く機会等も少なく、どうしても基本職種の知識と技術のなかで課題を解決しようとする傾向が強くみられます。

　例えば、私は基本職種が看護師であるため、現病歴や既往症等を中心にアセスメントを深めていく傾向が強いと思います。利用者に糖尿病があると、家族に同じ病気の人はいたのか、糖尿病についての理解度はどれぐらいあるのだろうか等、医療の視点でアセスメントを深めていく傾向があると思います。

　しかし、別の基本職種のケアマネジャーの場合、この方がなぜ介護保険を利用しようと思ったのか、

日常生活を送るうえで困っていることは何かなど、別の視点からアセスメントを進めていくこともあると思います。

どちらも間違いではないのですが、自分の得意な分野のみをアセスメントするだけで、全体のマネジメントに置き換えてしまうことは適当であるとは言えません。

しかしながら、ケアマネジャーが直面する課題は、高齢者の日常生活上の介護に関することだけではなく、経済的な問題や近隣や家族との不和など、いわゆる支援困難ケースと言われるものも少なくありません。

その結果、「単品ケアプラン」や「スタンプラリー」などの言葉に象徴されるように、ケアマネジャーが本来の役割を果たすことなく、本人や家族の言われるまま、望むままにケアプランを作成するなど、提供するサービスの質が十分に確保されているとは言えない状況も指摘されています。

本来、利用者の価値観や生活歴などを踏まえて専門的見地から利用者の課題を分析し、利用者の心身の状況等に最も適した支援を行うことが求められているのですが、資格を取得する過程において実務等の実習は位置づけられておらず、最も大切な価値観や構えに関しても学ぶことなく現場に送り出されているのです。

現在、資格取得後には、実務研修などを受講することが必須となっていますが、それだけでは十分とは言えません。

こうしたなか、ケアマネジャーの一部は、専門書を読まない、研修会に参加しない、困難な事例は避けるなど、自己研鑽をしない専門職集団になりつつ

・ケアマネジャーの資格取得の過程で現場実習は位置づけられていない
▶ Point ❶

あり、ケアマネジャー不要論さえ唱えられる状況となっていますが、介護保険制度のゆくえを考えるうえで、ケアマネジャーの存在は決して欠かせないものであると思います。

本来、専門職のスキルアップに関しては、個人の責任において取り組むことが基本となりますが、実務経験の浅いケアマネジャーなどに対して指導や助言ができるのはその業務に熟練したケアマネジャーのみであると思います。

このため、新任のケアマネジャーについては、現場において一定期間、熟練のケアマネジャーから実務の実習を受けることが望ましいと考えていますが、現実にはそのような対応が可能な事業所は多くないと思われます。

・新任ケアマネジャーに現場で実務実習を受けさせられる事業所は多くない
▷Point ❶❸

このように、ケアマネジャーが一人前の専門職としてスキルを高めていくための人材育成の方法については、現在、公的な仕組みとして確立されているとは言いがたい状況があり、ケアマネジャーを雇用する事業所、法人等においては、もっと積極的に人材育成に取り組んでいくことが求められていると思います。

## 2 ケアマネジャーの人材育成にかかる重要な視点

### (1) ケアマネジャーの人材育成に不可欠な3つの要素と4つのステップ

ケアマネジャーは、資格を取得するにあたり介護保険制度やケアマネジメント、高齢者の保健・医

**図表9-4　3つの要素**

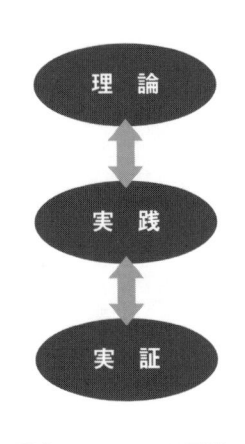

- 理論：法定研修／実習型研修／自己研鑽／学会参加
- 実践：ケアマネジメントの展開／地域支援ネットワークの構築
- 実証：事例検討会／事例研究発表／学会発表・投稿／エビデンスの構築

これらを通じて専門職として成長する

　療・福祉に関する一定の知識を習得しなければなりませんが、資格取得後も刻々と変化する社会情勢や制度等改正に適切に対応するため、自ら学び続けることが求められます。

　ケアマネジャーは、こうして得た知識・理念を基にケアマネジメントを実践していくこととなります。その際、利用者や家族とサービス提供事業者との連絡調整のみならず、医療・福祉・地域等との連携力や交渉力が不可欠となります。

　また、ケアマネジャーによる対人援助サービスの質の確保を図るためには、評価・検証が不可欠です。質の評価については、①利用者本人の評価、②サービスを提供する専門職の評価、③地域を含めた第三者の評価があり、それぞれの立場から検証していくことが重要です。しかしながら、これらの評価は必ずしも一致しないことも多く、サービスの質の評価をケアマネジャーが個人で行うのはたいへん難しく、常に不安を感じているケアマネジャーも多いと思います。このため、事業所内の事例検討会や地

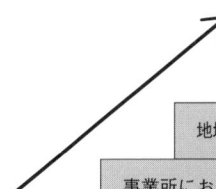

多様な学習の機会を積み重ねていくことが大切！

学会等における検証（事例の提供、発表等）

地域における人材育成（地域包括支援センターの研修、地域団体との連携等）

事業所における人材育成（事業所内事例検討会等）

自己研鑽（専門書を読む、法定研修への参加等）

**図表9-5　4つのステップ**

域包括支援センター等の地域ケア会議等において、自らが実践した内容を発表し、他のケアマネジャーや他の専門職から評価してもらうことが有効です。また、そうした場で、他のケアマネジャーが実践した事例を学ぶことにより、経験したことのない事例を疑似体験することができ、自らの実践に活かしていくことが可能となります。

　ケアマネジャーの人材育成に不可欠な理論・実践・検証という3つの要素は、①専門書を読んだり、法定研修へ参加して自ら学ぶ段階、②事業所内の事例検討会等において同僚のケアマネジャーや他の専門職から評価してもらう段階、③地域包括支援センターや地域のケアマネジャーの連絡会議等の事例検討会等において他の事業所のケアマネジャーや他の専門職から評価してもらう段階、④全国レベルの学会における事例発表や専門誌への投稿などを行う段階、という4つの段階を積み重ねて、さらにこれらのステップを多様な学習の場として繰り返し実践・活用していくことで、ケアマネジャーとしての成長が図られると思います。

## (2) ケアマネジメントに関する理解と実践力を高める視点

　ケアマネジメントは、地域社会のなかで生活を維持していくことが困難になった場合、その原因となる課題を分析し、生活の目標を定め、課題解決に至る道筋と方向を明らかにして、さまざまな社会資源を活用しながら総合的かつ効率的に課題解決を図っていくプロセスとそれを支えるシステムであり、ケアマネジャー業務の根幹とも言えます。

　利用者との出会いとなるインテークから始まり、アセスメント、ケアプランの策定、ケアの実践を経て、モニタリングまでを1つのサイクルとした継続的な援助を実施することとなりますが、各段階の業務を行うに当たって、「なぜ、そのように決定するのか」という根拠を明確にすることが必要です。

　根拠のないサービス提供はありません。利用者の課題を抽出し、課題解決のために最も効果的で効率的な手段・手法を提案し、利用者に対して理解を得たうえでサービスを実践することが求められており、制度の運用上も利用者に対する説明責任が明確に位置づけられています。

　事業所等において、業務をマニュアル化して、手続きに漏れがないようにすることは有効ですが、マニュアルの過程をこなすことに終始しないよう、「なぜそのように決定するのかという根拠」を常に意識することが重要です。

　利用者の心身の状態やそれを取り巻く状況は常に変化するとともに、医療や介護の技術や制度の枠組みも日進月歩で進化します。

　このため、ケアマネジャーは、専門誌や研修の機

- ケアマネジャーの実践力を高めるためには、事業所として判断の「根拠」を意識することが大切である
▷ Point ❶ ❸

会などを活用して、常に新たな情報を入手することが大切であり、事業所としては、地域の情報交換会や研修会等に参加しやすい環境となるよう配慮することが大切です。

## (3) 事例検討会の活用

　ケアマネジメントに関するスキルは、見聞きするだけではなかなか身に着かないため、実践することが一番なのですが、事例検討会などを通して、疑似体験を図るなかで、「もし、自分だったらどうするか」と、自らの問題として考えてみることがとても有効であると思います。

　事例検討会は、自分が経験した事例を他のケアマネジャーやその他の専門職種に提示し、意見交換を行うことで、お互いに学び合うことができ、ケアマネジャーが利用者とともに作成したケアプランを他のケアマネジャーと一緒に評価することで、実践の振り返りを促し、気づきを高めることもできます。

　このため、新人ケアマネジャーの育成においても、机上におけるマネジメントの予備的な学習機会であるとともに、今後自分が遭遇するかもしれないという意味において、実践的な学びの場として大きな役割を果たしていると思います。

　現在、こうした事例検討会は、事業所内にとどまらず、地域の事業者連絡会や職能団体等の研修会として広く開催されており、地域包括支援センターにおいても地域のケアマネジャーの実践力向上を目指した取り組みとして実施されています。

　また、こうした事例検討会の事例をまとめて文書化することで、ケアマネジャーへの具体的な支援の

・事業所はケアマネジャーが情報交換会や研修会等に参加しやすい環境をつくるべきである
▶ Point ❶ ❷

・事例検討会はケアマネジャーの実践力向上に資する重要な学習機会である
▶ Point ❶ ❹

可視化が可能となり、次世代のケアマネジャーがケアマネジメントの現状を理解する手段として大きな役割を果たしていくことが期待できます。

## (4) チームケアの視点

　ケアマネジメントは、ケアマネジャーが1人で行うものではなく、主治医や介護サービスを提供する事業者など、利用者を取り巻く関係者が1つのチームとなって連携を図りながら、それぞれの役割を担っていくことが求められています。

　つまり、高齢者のケアに携わる多職種の支援者が、ケアマネジャーが立案した計画の趣旨を理解し、それぞれの専門性を生かした評価を行いながら、1つのチームとして互いに協力してさまざまな課題に対応していくことが必要です。

　とりわけ、さまざまな疾患をもった利用者の生活を支援していくためには、利用者の生命や心身に重大な結果をもたらす服薬の問題やアレルギーなど、療養上の禁忌に関する情報等を的確に把握する必要があることから、主治医の指導や助言は大変重要です。

　看護の現場では、医師をはじめとするチームの一員としてさまざまな職種と連携を図りながら対応することが必然であり、実習や実務を通してチームのなかで自分の役割をしっかりと認識して対応する術を学びますが、介護の現場においてはケアマネジャーが連携の要となることが求められています。

　ケアマネジャーは、利用者を取り巻く支援チームの連携に関して、チーム内において自分と異なる専門性を尊敬し理解し合える関係性を構築し、協働す

・チームケアの要となるケアマネジャーは意識的に連携を図る実践を積み重ねることが大切である
▶ Point ❷

るための場面づくりや連携を自らが中心となって進めていかなければなりません。

このため、サービス担当者会議等の機会を活用して、連携の必要性を整理し、意識的に連携を図る実践を積み重ねることが大切です。

相手からどのような情報が欲しいのか、自分から伝えたい情報や依頼したいことがあるのか、協議しなければならない事項があるのかを事前に整理したうえで、行動を起こすことが必要であると思います。

## (5) スーパービジョンの視点

ケアマネジャーの業務は対人援助が中心であり、利用者や家族等との関係からストレスが生じやすく、また、業務へのひたむきさゆえにバーンアウトしてしまうケースも多くみられます。また、1人で問題を抱え込んでしまい、どこにも相談することができず、責任感の重圧に押しつぶされてしまったケアマネジャーも多いと聞いています。

このため、ケアマネジャーを心理的に支える支持的機能が不可欠であり、現在、主任ケアマネジャーを養成する専門研修のなかで、地域包括支援センターがケアマネジャーを心理的に支える支持的機能を果たす役割を担うよう、スーパービジョンの導入が位置づけられているところです。

スーパービジョンとは、スーパーバイザー（指導・監督を行う人）とスーパーバイジー（指導・監督を受ける人）との関係における対人援助法で、対人援助職（医療福祉教育現場、特に相談援助職）のワーカー等がその業務の困難さを直視し、自らが考

え、その解決のために取り組めるよう助けることにより、専門家としての資質の向上を目指すための教育方法です。

スーパービジョンには、管理的機能、支持的機能、教育的機能という3つの機能があり、それぞれの機能において、ケアマネジャーが専門職として成長していくプロセスに大きな役割を果たしていくことが期待されています。

居宅介護支援事業所や介護保険施設等においては、利用者に対して優れたケアマネジメントを実践していけるよう、事業所の管理者が事業所の組織や個々のケアマネジャー等の業務レベルを把握・管理し、事業所全体としての機能を高めていくことが求められています。

このように事業所の管理者や熟練のケアマネジャー等がスーパーバイザーとして、スーパーバイジーである個々のケアマネジャー等を管理する機能をスーパービジョンの管理的機能と言います。

事業所全体としての機能を高めていくために、スーパーバイザーが担うべき具体的な役割としては、次の4点があげられます。

・事業所の管理者は個々のケアマネジャーの業務レベルを把握・管理し、事業所全体の機能を高めていくことが求められる
▶ Point ❶❸❹

① スーパーバイジーの職務・役割等の確認
　個々のケアマネジャーが、自らの立場や責任の範囲を理解できているか確認を行い、できていない場合は指導・助言を行います。
② スーパーバイジーの業務・援助の計画性の確認
　個々のケアマネジャーが、支援の目的、期間、内容、効果等をどのように計画しているかを確認し、不十分な場合は指導・助言を行います。

③ スーパーバイジーの視点・考え方・専門性等の確認

個々のケアマネジャーの判断や考え方が、ケアマネジメントの理論・技術に沿ったものとなっているかを確認し、業務の妥当性や科学性を高めることで、専門職として成長を促します。

④ スーパーバイジーの援助の効果予測の確認

個々のケアマネジャーが、ケアマネジメントの効果についてどのように予測しているか確認し、不十分な場合は指導・助言を行います。

事業所内のケアマネジャーが、自らのケアマネジメント業務等に関して、大きな不安を感じたり、自信を失いかけている場合、管理者や熟練のケアマネジャー等がスーパーバイザーとして、「何が困難となっているのか」「何が不安なのか」「何に自信がないのか」など、その心情や気持ちを確認し、明確化していくプロセスのなかでサポートする機能を支持的機能と言います。このようなスーパービジョンを通して、スーパーバイジーは自らがサポートされていることを実感でき、再び意欲の向上を図りながら前向きに業務を続けていくことが可能となるのです。

また、スーパービジョンを行うなかで、スーパーバイザーがスーパーバイジーに不足している部分を確認した場合、専門的知識や技術等について具体的に教育・指導する機能を教育的機能と言います。

スーパービジョンが有する管理的機能は、通常、居宅介護支援事業所や介護保険施設等の事業所内で発揮されることが期待されていますが、教育的機能と支持的機能については、事業所内にとどまらず、

・スーパービジョンの教育的機能と支持的機能は事業所だけでなく地域包括支援センターの主任介護支援専門員にも期待されている

▶ Point ❶❹

第9講 人材を育てる

地域包括支援センターの主任介護支援専門員が地域のケアマネジャーに対して発揮されることも期待されています。

　スーパービジョンは、一対一で個別に行うものと、事例検討会のように集団で行うものがありますが、いずれの場合も、スーパーバイザーは、スーパーバイジーが困難と感じている個別のケースについて直接的な答えを提供するのではなく、考え方の角度や幅を変えて事例をみることを助言・指導することが重要です。つまり、「より広い視点を提供する」ということが、スーパービジョンにおいてきわめて重要なポイントとなります。

　例えば、管理者が部下であるケアマネジャーに対して、力量が足りていないことを気づかせ、成長のために手助けをしようとしても、そのケアマネジャーが「自分を叱責しようとしている」と身構えてガードを堅くしてしまうと、管理者がどのような指導を行っても双方向的な会話を十分に交わすことができず、スーパービジョンの関係は成立しません。

　そこで、部下であるケアマネジャーの「気づき」が重要となるのですが、「気づき」を得るとはどのような意味があるのでしょうか。

　スーパービジョンを通して得ることができる「気づき」の効果の1つは、従来の自分自身の見方や考え方、対応方法にはなかった新しい視点を得ることであると思います。

　実際、グループスーパービジョンのなかで、事例提供者が「今まで、このケースについて、そのような考え方はしたことがなかった」、「そのような見方をすると、今まで大変困難と感じていたケースにつ

・スーパービジョンによって得られる「気づき」には、①新たな視点の獲得と②不安の解消の2つの効果がある
▶ Point ❶ ❹

いても対応することができそうです」などと言われる場面に出会うことがあります。このような場合、スーパーバイザーは、ケアマネジャーが困難と感じている個別のケースについて具体的な解決策を示したのではなく、考え方の幅や角度を変えて事例をみることを助言したに過ぎないということがよくみられます。

つまり、新しい視点を得るということは、さまざまな課題に自分で考えながら取り組んでいくために応用可能な「新たなものの見方や考え方」を得るということなのです。

「気づき」を得ることのもう1つの効果は、不安や迷いの解消です。

ケアマネジャーが抱えるケースは、一見同じようにみえても異なったものであり、それだけに、プランの組み立てやサービスの提供などについて絶対という答えはありません。

だからこそ、ケアマネジャーは、仕事に行き詰まったり、燃え尽きたり、「これで、本当にいいのだろうか」と、いつも不安を感じてしまうのです。

このため、不安を感じるケースについては、アセスメントやプランニングを点検する機会が設けられているのですが、ケアマネジャーが1人で振り返りを行うことは難しく、スーパーバイザーやグループスーパービジョンのメンバーの力を借りることはとても有効です。

つまり、「気づき」を得ることによって、新しい何かを手に入れるだけではなく、スーパーバイザーから自分の考えを肯定してもらうことにより、自分自身に対して自信がもてるようになり、不安が解消されることも大きな効果としてとらえることができ

るのです。

# 3 事業所における人材管理

## (1) スタッフの安定した定着を目指した職場づくり

　現在、介護従事者の離職率が高く、人材確保が大変困難となっていることが指摘されており、介護従事者の処遇改善を進めるとともに、経営の効率化への努力を前提とした経営の安定化が求められています。

　介護事業所において、良質な人材の確保を図り、事業所を安定的に運営していくためには、賃金等の労働条件を整えることももちろん大切ですが、個々の事業所の努力によって達成できる範囲には限界がありますので、事業所の理念や運営のあり方に対して従業者の不満が生じないような取り組みを行うことがますます重要となっています。

　介護従事者が不満を感じやすい要因としては、職場の人間関係やチームワークの問題、賃金などの労働条件、職場環境の問題などがありますので、事業所を運営する立場にある者は、このような介護従事者が不満を感じやすい要因などを十分に理解したうえで、対応を図っていくことが求められます。

・スタッフの定着を図るためには従事者が不満を感じやすい要因を十分に理解し、対応する必要がある
▶ Point ❶

## (2) 職場内教育（OJT）の取り組み

　一般的に、介護事業所において新たに職員を採用した場合、よほど大規模な企業でない限り、一定期

間に新人だけを集めて集合研修を行うようなことはできません。

このため、OJT（on-the-Job Training）と呼ばれる職場内教育・教育訓練手法を活用し、現場において職場の上司や先輩が具体的な業務を通して、必要な知識・技術・態度などを意図的・計画的・継続的に指導することとなります。

OJT は、実務のなかで仕事を覚えることにより、その成果が仕事の成果になるなど、研修の成果が業績に反映されるため、新入職員の成長と業績向上を併せて達成することが期待できます。

しかし、その反面、指導者となった先輩に指導力がともなわない場合、新入職員の能力向上どころかその可能性の芽を摘んでしまう危険性もありますので、新任の従業者の教育を担当させる職員の選任については、その力量を十分に見極めて行うことが必要です。

弊社では、新人ケアマネジャーが一人前になるには、おおむね3年ほどの実務期間が必要であると考えており、その間の新人ケアマネジャーの育成については、管理者のみならず、一定の経験を有する事業所のすべてのケアマネジャーが講師役を担うこととしています。

新人ケアマネジャーに対して、日ごろ自分が行っているアセスメント等の技術について、事業所のマニュアルに沿って言葉で説明するのはかなり難しいことであり、自分の説明が相手に伝わったのか、きちんと理解できているのかなど、不安を感じることも少なくないと思います。

自分の知っている知識・技術を伝えるためには「言語化すること」が不可欠であり、そのために改

- OJT は大きな効果が期待できる。ただし、教育担当者の力量に左右されるため、人選は慎重に行う必要がある
▷ Point ❸

めて専門書を読み直したり、実際にアセスメント場面を見せたりしながら教えていくことを通じて、教える側も多くのことを学ぶこととなります。そうした取り組みの結果として、事業所全体のレベルの向上につながっていくと考えています。

## (3) 管理者の役割

居宅介護支援事業所等においては、所属するケアマネジャーが利用者に対して優れたケアマネジメントを提供していけるよう、管理者は、組織や個々のケアマネジャーの業務レベル等を把握・管理します。

管理者の具体的な役割としては、次の4点があげられます。

・居宅介護支援事業所の人材管理には4つのポイントがある
▶ Point ❶

① 職務・役割等の確認
　個々のケアマネジャーが、自らの立場や責任の範囲を理解できているか確認を行い、できていない場合は指導・助言を行います。
② 業務・援助の計画性の確認
　個々のケアマネジャーが、支援の目的、期間、内容、効果等をどのように計画しているかを確認し、不十分な場合は指導・助言を行います。
③ 視点・考え方・専門性等の確認
　個々のケアマネジャーの判断や考え方が、ケアマネジメントの理論・技術に沿ったものとなっているかを確認し、業務の妥当性や科学性を高めることで、専門職として成長を促します。
④ 援助の効果予測の確認
　個々のケアマネジャーが、ケアマネジメント

の効果についてどのように予測しているか確認し、不十分な場合は指導・助言を行います。

## (4) キャリアパスが描きやすい仕組み

　介護の職場は資格社会であり、有する資格によって就業可能な業務の幅が異なることはもちろん、給与等の報酬面やその他処遇面についても大きく変わってきます。

　このため、介護業界への就業を目指す場合、あらかじめ必要な資格を取得することが多くみられますが、その一方で、就業後に働きながら現在の業務に有益な他の資格取得を図るケースも少なくありません。

　事業所の職員が、スキルアップを図ることは、事業所のサービスの質を高めることにつながり、事業所としても大きなメリットがあります。

　したがって、業務に支障のない範囲で、職員の資格取得が図りやすい勤務体制等の支援を行うとともに、取得した資格に応じて処遇面の評価を行うなど、職員がキャリアパスを描きやすい環境を整えることは、職員のモチベーションの向上につながり、事業所にとっても有効なことであると言えます。

　弊社では、職員の資格取得が図りやすい勤務体制等の支援を行うとともに、社内でのキャリアパスの仕組みをつくり、介護福祉士・認知症ケア専門士・精神保健福祉士・社会福祉士・介護支援専門員・主任介護支援専門員・認定ケアマネジャー等の国家資格・任用資格を取得するためのスクーリングなどには、優先的に休暇申請を行えるよう支援を行っています。また、取得した資格に応じて処遇面の評価を

・職員がキャリアパスを描けるような環境を整えることは事業所のサービスの質を高めることにもつながる
▶ Point ❶

行うなどの環境整備を行っています。

## (5) 外部研修等の参加への配慮

　ケアマネジャーは、資格取得後も実務研修などの受講が必須となっていますが、地域包括支援センターを中心に、ケアマネジャー等を対象に事例検討会や研修会が実施されています。

　また、日本ケアマネジメント学会等において、学識者や実務者でさまざまな研究が行われており、ケアマネジャーも会員として参加できるよう門戸が開かれています。

　居宅介護支援等の事業所においては、職員の資質向上を図るため、できるだけ参加しやすい職場環境を整えるなど一定の配慮を行うことが大切です。

　なお、こうした事例検討会やケアマネジメントの学会などに参加する場合、積極的に事例を提供することが力量を高めていくことにつながりますので、管理者や熟練のケアマネジャーが事業所内において支援する体制があることが望ましいと考えます。

　ケアマネジャーの働きは居宅介護支援事業所の活動そのものです。ケアマネジャーの理解や認識の不足は、事業所全体の運営に大きな影響を与えることをしっかりと認識し、次々に改正される制度に対しても、一人ひとりのケアマネジャーがしっかりと考え方を理解したうえで対応していくことができるようにすることが重要です。

・人材を育成するうえで外部研修への参加環境を整えることは重要である
▶ Point ❶

### (6) 女性のライフイベントに配慮した職場環境の整備

　女性のライフイベントには、結婚・出産・育児・介護などがあり、家庭と仕事のバランスを取るのが難しいことが指摘されています。女性職員が多い介護の職場では、女性が出産や育児によって仕事を辞めるような状況にならないよう、出産・育児・介護等の休暇がきちんと取れる人員配置を行うなど、事業所としての体制を整備することが重要です。

　また、職員間で「困った時はお互いに助け合う」風土づくりを積極的に醸成し、お互いの支え合いができる環境の整備に努めるとともに、ワークライフバランスに配慮し、年休を取得しやすい労働環境を目指すとともに、社員の心身の健康管理に努めていくことも人材管理において重要な要素となります。

・人材管理において女性のライフイベントに配慮した環境を整えることは重要である
▶ Point ❶

## 4 ケアマネジャー相互のネットワークの構築

　現在、全国各地にケアマネジャー相互のネットワークが構築され、ケアマネジャーの資質の向上と情報の共有化を図るため、定期的な研修会等の開催や介護サービスに関する調査研究などを行うとともに、行政等の関係機関と連携を図りながら職能団体としての情報発信なども行っています。

　このようなケアマネジャー相互のネットワークの活動は、包括的・継続的ケアマネジメントを実践するのに必要な具体的な情報の共有を可能にするとともに、実際に協力して支援にあたることも可能とな

・事業所の枠を越えたケアマネジャー同士のネットワークは実践力の向上や精神的サポートなどの効果が得られる
▶ Point ❶❷❹

ります。

　また、ケアマネジャーの精神的なサポート効果も期待でき、やりがいを感じて仕事を続けていくことができる環境をつくることにも大きな役割を果たしていると言えます。

　自分たちの職業に誇りをもつためには、自分たちで考え学ぶことが大切だと思います。また、たとえ異なる事業所に所属していても、共通の悩みを分かち合える仲間の存在はとても大きなものであり、私自身これからも大切にしていきたいと思っています。

第 **10** 講
# 連携を実現する

> **Point**
> ❶新たなプログラムを実践するためには①訓練と助言、②職員配置とスーパービジョン、③リーダーシップ、④組織文化の見直し、といった要因が必要である
> ❷集団が危機（クライシス）を迎えたときが変われるチャンスになる
> ❸日本人には課題中心の集団になりにくい基底的集団心性がある
> ❹チームワークのために必要な5つの要素（①共通目標をもつ、②自他の能力と限界を知る、③コミュニケーションがとれる、④意見交換する場がある、⑤変容することを受け入れる）がある
> ❺困難な活動に取り組むときにチームは育つ。ただし常に課題に取り組みつづけなければたちまちチームは崩れる

## 1 実現を阻むもの

　人は、そうしたほうが良いとわかっても、自分から変化しないものです。チームワークや連携の理屈、メリットや手順が理解できたからといって、職場で早速、行動が変化するかというと、そんなことはありません。エビデンスの時代といわれ、さまざまな希望に満ちた科学的根拠があったとしても、現場では相も変わらず旧式な方法がまかり通っています。科学的には意味のないナースキャップが現場で外れるまでに、いったい何年の月日が流れたことでしょう。

　科学の知を現場で実践できない理由は何でしょうか？　実に現実的な話です。「新しい技術を導入するひまがない、上司や同僚たちが変わることに好意的でない、組織的な柔軟性がない、自分に能力的な自信がない、努力の割に得なことはない……」。一般的にそう批難されるのですから、慌

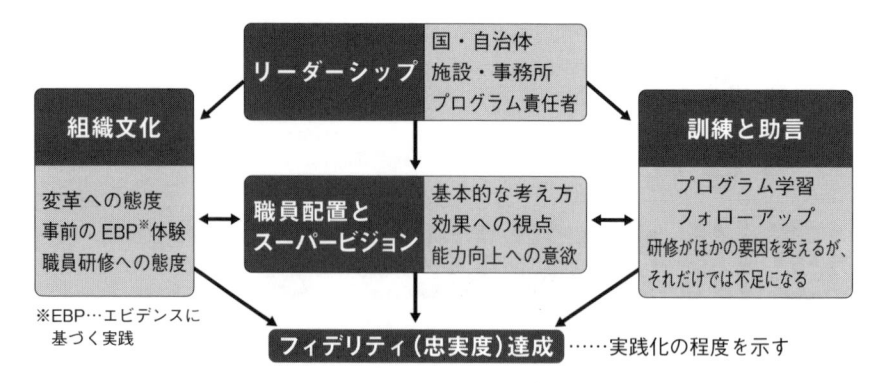

```
                  ┌──────────┐ 国・自治体
                  │リーダーシップ│ 施設・事務所
                  └──────────┘ プログラム責任者
                        │
┌──────────┐       ↓           ┌──────────┐
│ 組織文化 │  ┌──────────┐     │ 訓練と助言 │
└──────────┘  │ 職員配置と │     └──────────┘
 変革への態度 ↔│スーパービジョン│↔ プログラム学習
 事前のEBP※体験 └──────────┘    フォローアップ
 職員研修への態度 基本的な考え方  研修がほかの要因を変えるが、
           効果への視点        それだけでは不足になる
           能力向上への意欲
※EBP…エビデンスに      ↓
  基づく実践    ┌──────────────┐
           │フィデリティ（忠実度）達成│……実践化の程度を示す
           └──────────────┘
```

新たなプログラムを実践するためには、職員研修だけでなく、リーダーシップや職員配置、組織文化などを考慮して、正しい形で導入されなければ実践にたどりつかない。

**図表10-1　プログラムを実践するための要因**

てる必要は全くありません。

　外部研修で学んだことを臨床現場で実践するための手順として、①どんな阻害要因を抱えているか調べる、②対処方法を出し合う、③対処を実現するための練習をする、④依頼やプロジェクト、記録やコンサルタントなど、新しい技術を実践するための計画を立てる、といった項目があげられます。

　また、エビデンスのあるプログラムを現場で実現するためのモデルとして、①訓練と助言の体制づくり、②職員配置とスーパービジョン体制、③自治体や機関のリーダーシップ、④組織文化の見直し、といった要因があげられます。ここではリカバリー教育プログラムの導入過程について、図示しています（図表10-1）[1]。リカバリー教育とは、医学的治療ばかりでなく、生き方をとり戻すという新しい思想と支援技術を指します。

　わが国の診療報酬制度でも、チームケアが建前上優遇される時代に入りました。これも1つのチャンスです。しかし、形式的に多職種集団があてがわれるだけでは、有効な臨床実践につながらないことが頻繁にみられます。

　本来のチームは、team-oriented（チーム志向）ではなく、client-centered（クライアント志向）であることが強調されるべきだと思います。クライアント中心のサービスを展開するために多職種チームが必要な

**基底的集団（Bion, MR）**

❶ タテの人間関係→集団内の関係が形式的になる
❷ 調和を重んじる→個が集団に埋没する
❸ 表と裏の二面性がある→建前が先行する
❹ 甘えがある→相互依存が容易に生じる
❺ 敏感なために回避が起こる→表面的なかかわりとなる
❻ ナルシシズム的心性とマゾヒズム的心性の存在→集団に理想化、一体感をもち、同時にマゾヒズム的に融合する
❼ 攻撃性よりも、傷ついて引きこもる→容易に馴れ合う

**課題中心の集団**

課題中心の集団になるには、集団抵抗として理解、本音が語れる雰囲気、集団の安全性、知性よりも感性、カタルシスを知性化、総論よりも具体性などが求められる。

**図表10-2　日本人の基底的集団心性**

のであって、チームの存続が優先されては本末転倒です。

　たとえどれほど有意義でも、新しい方法は容易に導入されないものなのですから、慎重かつ計画的に、機会があれば一気に進む戦略が必要です。このように、有意義さが知られているプログラムを実践するまでの過程を追究する領域を、「実践化研究」と称します。

　法律の制定や社会現象と同様に、その集団が危機（クライシス）を迎えて困ったときにこそ、新しい行動が採用されるのです。危機とは、そのシステムが採用してきた従来のやり方では対処できなくなった場合を指しますが、その折に、新しい情報やシステム外からの助言が有効に働きます。だから、ピンチがチャンスになるのです。

## 2 日本文化

　日本における集団の性質は、容易に集団を構成するものの、言葉での契約が交わされていないために、混乱した際には容易に分裂します。西洋社会では、容易に集団形成をしないのですが、いったんチームがつくられるとその契約が生きてきます。

日米両国で精神科臨床を重ねてきた中久喜は、日本人の基底的集団心性を次のように指摘しました（図表10-2）[2]。すなわち、①縦の人間関係を重視するために、集団内の関係が形式的なものにとどまりがちである、②調和を重視するために、個が集団に埋没する、③表と裏の二面性があるため、建前を先行させがちである、④甘えの関係があり、相互依存が容易に起こる、⑤対人的な敏感さがあり、回避して引きこもりがちとなる、⑥集団に対して、ナルシシズム的な理想化とマゾヒズム的な融合を起こしやすい、⑦攻撃性を発揮するよりも、傷ついて引きこもりがちとなる、としています。

　おそらく西洋人のチームと日本人のチームは微妙に異なるのだと思います。モデルを使用するときに気をつけたいものです。例えば『オーシャンズ11』のチームと『七人の侍』のそれとは、どこか似ていて、どこかが違うのです。最初のモチベーションも違います。日本人の場合は、金銭的な儲けよりも情緒的な人助けのほうが動きやすいようです。

# 3 チームワークの経験

　われわれは実際の臨床現場に出るまでに、実にさまざまな人生体験をこなしてきました。チームワーク技術はそうした営みのなかで培われています。例えば、集団スポーツのクラブに所属していた者は、集団練習の必要性やチーム力の奇跡などが身に染み込んでいます。学園祭や演芸大会など、イベントを実行委員会方式でこなした者は、相互の関係が一気に変化する感動も体験したし、チームがどのように育つのかを肌で感じたことでしょう。

　私も山岳部でしたから、1人で活動する単独行と、大きな遠征を行う際のチームの両者を比べることができます。チームには、個々の活動の大変さと得られる喜びの大きさがあって、単独行とは振幅が違います。

　医療保健福祉の現場で、こうした経験を利用しない手はありません。履歴書に何らかの集団体験やチームワークの歴史を記載してもらうようにしておくと、チーム開始の折の人材候補となるに違いありません。

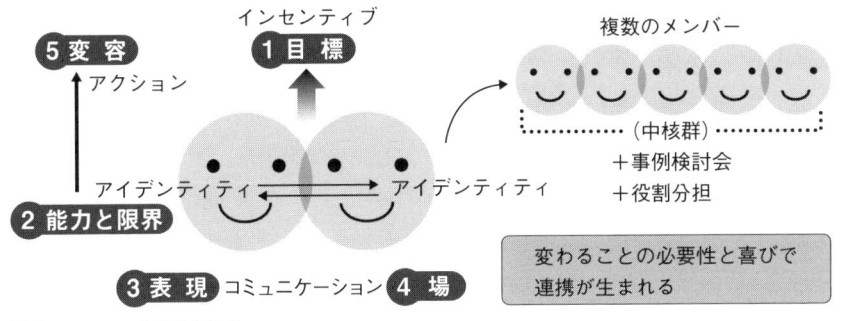

**図表10-3　一般連携理論**

一般的に、チームワークのために必要な要因を5つあげておきます[3]。すなわち、①共通する目標をもつこと、②自他の能力と限界を知っていること、③相手とコミュニケーションがとれること、④意見交換をする場が設けられること、⑤みずからも変容することを受け入れること、であると感じています（図表10-3）。

# 4 ジュゼッペーネの事例

1987（昭和62）年にイタリアは精神科病院を全廃することを決定しました。この法律（法180号）は、その運動の象徴ともなった精神科医の名をとって、「バザーリア法」とも呼ばれています。もちろん、法的に決定しても、1つひとつの精神科病院を閉じていく作業には、大変な努力を必要としました。

ローマの精神科病院改革に乗り込んだ専門家集団が注目したのは、裸のまま、廊下でストレッチャーに縛られている女性患者でした。わずかなことで攻撃的になって、職員の生命にも危険な行動をするために、拘束が"最善"の方法として選ばれていたのです。

専門家集団は、職員の誰でもが知っている最も困難な事例である彼女、"ジュゼッペーネ"の回復プロジェクトを開始しました。大変な物語が引き出され、対策が講じられ、失敗して希望を失い、しかし再び検討し、つ

いに回復にたどり着いたのです。プロジェクトチームの勝利です。ジュゼッペーネさんは今では有名なユーザー代表ですし、ヨーロッパ最古の精神科病院は公園に変わっています。

　チームを育てる際に、やさしい業務から始めるのは得策ではないかもしれません。とても対処できるとは思えなかった課題を、自分たちのチームがやり遂げたときの感動は、できあがったチームの質と比例します。しかしまた、そのままでは、そのチームは栄光の名とともに腐っていきます。チームはつねに課題に取り組むなかで育ち続けるのだろうと思われます。

　何らかの困難な活動を実現しようとするときにこそ、素晴らしいチームが育ちます。育ったことに満足していると、チームはたちまち足元から崩れていきます。ここにチームという有機体のパラドックス性があります。

引用・参考文献
1) Whitley, R. et al. Implementing the illness management and recovery program in community mental health settings : facilitators and barriers. Psychiatr Serv. 60(2), 2009, 202-9.
2) 中久喜雅文. 日本における集団精神療法の精神力動：Basic Assumption Groups (Bion) の比較文化的考察. 集団精神療法. 14(2), 1998, 113-7.
3) 野中猛. "ケアチーム論のまとめ". 図説ケアチーム. 東京, 中央法規出版, 2007, 124p.

【実践事例】
# 呼吸し新陳代謝するチームづくり（ある職場の試行錯誤）

さっぽろ地域づくりネットワーク ワン・オール
**大久保薫**

　生き物のように新陳代謝する「有機体」のようなチームをどのようにつくっていくのか。さまざまな方法があると思いますが、そのための「仕掛け」のいくつかを、私が所属する社会福祉法人を例に考えてみたいと思います。

・有機体のようなチームをつくるための仕掛けを行った

## 1 取り上げる法人の概要

○名　　前：社会福祉法人あむ（旧姓：社会福祉法人S）
○年　　齢：1999（平成11）年生まれ（15歳）※現在の姓になって5年
○家　　族：7人兄弟（障害福祉サービス6事業、まちづくり事業）
○住まい：北海道札幌市中央区（4か所に点在）
○体　　格：スタッフ50名（正職員22名、非常勤12名、アルバイト13名、産休中3名）
○ADL：ほぼ自立、夜更かし気味
○経済状況：裕福ではないが自力で食べていける程度
○趣　　味：近所付き合い、立ち話、グループワーク
○好きなこと：新しいこと、ごちゃ混ぜ
○苦手なこと：フォーマルなこと
○特　　技：ワイワイ集まった後の片付け

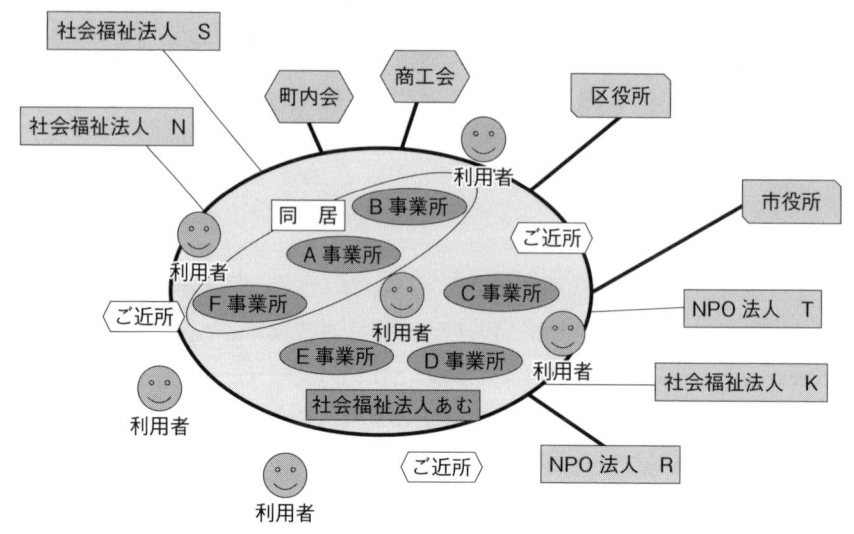

**図表10-4　エコマップ**

○性　格：明るい、おっちょこちょい
●希　望：人と人のつながりを「編む」（あむ）こと、誰もが暮らしやすいマチに

# 2 仕掛け（その1）
## いやなことはしないだけです

・仕掛け その1
「いやなことはしない」
▶ Point ❶ ❷

　2006（平成18）年3月公開の日本映画『かもめ食堂』。小林聡美扮する主人公サチエが、異国の地フィンランドのヘルシンキで営む食堂をめぐるお話。そのサチエが、旅行者に「好きなことができて良いですね」と問われた時に「いえ、いやなことはしないだけです」と答えました。
　私たちの部署の事業が始まって10年目。規模が大きくなりすぎたという反省から法人の分割が決まり、私たちの部署も独立し新たに別法人をつくるこ

※側注の Point は講義の Point 番号に照応することを示す

```
H11年  H13年 H17年  H19年 H20年 H21年        H23年 H24年
─┼──────┼────┼───┼────┼────┼──────────┼────┼──────→ 現在
```

出生（社会福祉法人Sの一部署として）

A事業所・B事業所　事業開始

C事業所　事業開始

○△から助成により立て替え工事

社会福祉法人S内で法人分割を検討・決定

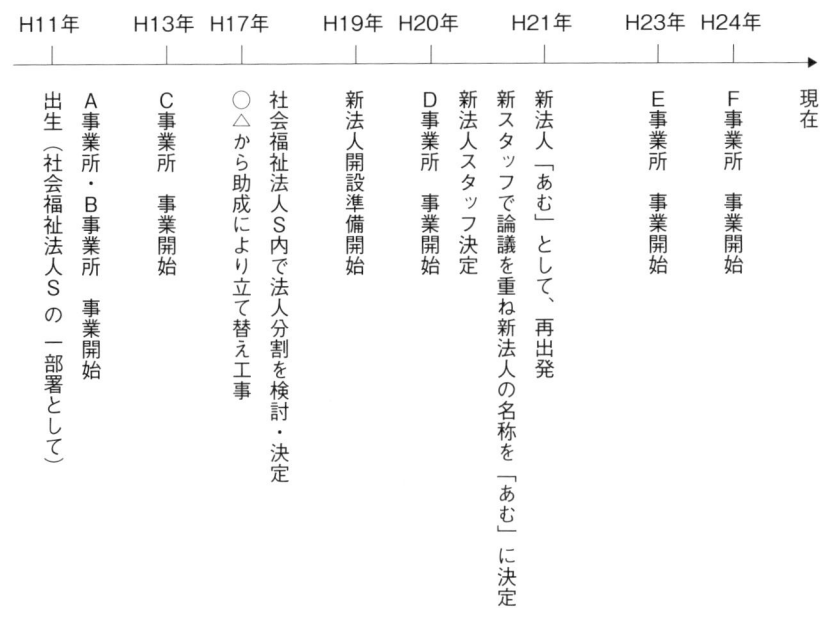

新法人開設準備開始

D事業所　事業開始

新法人スタッフ決定

新スタッフで論議を重ね新法人の名称を「あむ」に決定

新法人「あむ」として、再出発

E事業所　事業開始

F事業所　事業開始

**図表10-5　生活歴**

とになりました。当時、中心になっていたのは、いくつかの法人、いくつかの職場を渡り歩いてきたメンバーでした。せっかく新しい法人をつくるのだから、本当にやりたいことだけをやろう。それだけでなく、運営面もこれまで味わってきた組織やチームに感じたさまざまな不全感（水平・対等感がない、自主性を重んじられにくい等々）はもうゴメン。『いやなこと』はやめよう。それは、やりたいこと、目指す方向はあるけれど、力を入れすぎず自分たちが楽しめる等身大で行こうという意味もありました。ご紹介するいくつかの仕掛けは、この延長線上の話し合いのなかからできあがってきたものです。

## 3 仕掛け（その2）
## 　組織のつくり方、役割のつくり方

**平成2△年度事業計画「法人の組織について」より**

> 　法人のミッション達成のためには、旧来の福祉の枠組みに収まらないさまざまな取組みが必要になってくるが、その取組みを運営し遂行するための組織運営も、旧来の「縦系」（上司←→部下）だけの組織運営ではない新しいあり方が求められる。スタッフ個々人の個性と自由な発想を大切にしつつ、チーム（各部署、プロジェクト・チーム等）での話合いを重視しながら事業を創りあげていくこと。その一方で組織全体にかかわる重要な決定を行ったり、緊急事態等に責任を持って対応すること。これらのバランスと統合について、昨年度に引き続き実践しながら検討していきたい。

・仕掛け その2-1
　命令系統はなるべく短く、組織そのものをシンプルにする
▶ Point ❸

　法人のなかには、いわゆる障害福祉サービス（公的サービス）を実施する事業所が6事業存在します。それらの事業所には責任者（チーフ）が配置され、その補佐役（サブチーフ）が配置されています。給料（手当）に反映される役職はこの2種類しかありません。図表10-6のように、組織図上は、所長（統括責任者）、法人事務局等が存在しますが、それらは役割であり給料には反映されません。職場の命令系統はなるべく短く（簡単に）し、また組織そのものを極力シンプルにしたいという意図です。また、理事会で決めるべきこと以外の業務全般にかかわることは、各部署の責任者でつくる合議制の

```
                    ┌──────┐
                    │ 理事会 │
                    └───┬──┘
                        │
              ┌─────────────────┐  ┌──────────────┐
              │ 所長（統括責任者）│──│規則上の所長   │
              └─────────┬───────┘  │の責任を分散   │
                        │          └──────────────┘
         ╭──────────────────────────────╮
         │  ┌──────────┐   ┌──────────┐ │
         │  │ チーフ会議 │⇔ │事務局会議 │ │
         │  └──────────┘   └──────────┘ │
         │       ┌──────────────┐       │
         │       │サブチーフ会議│       │
         │       └──────────────┘       │
         ╰──────────────┬───────────────╯
```

図表10-6　組織図

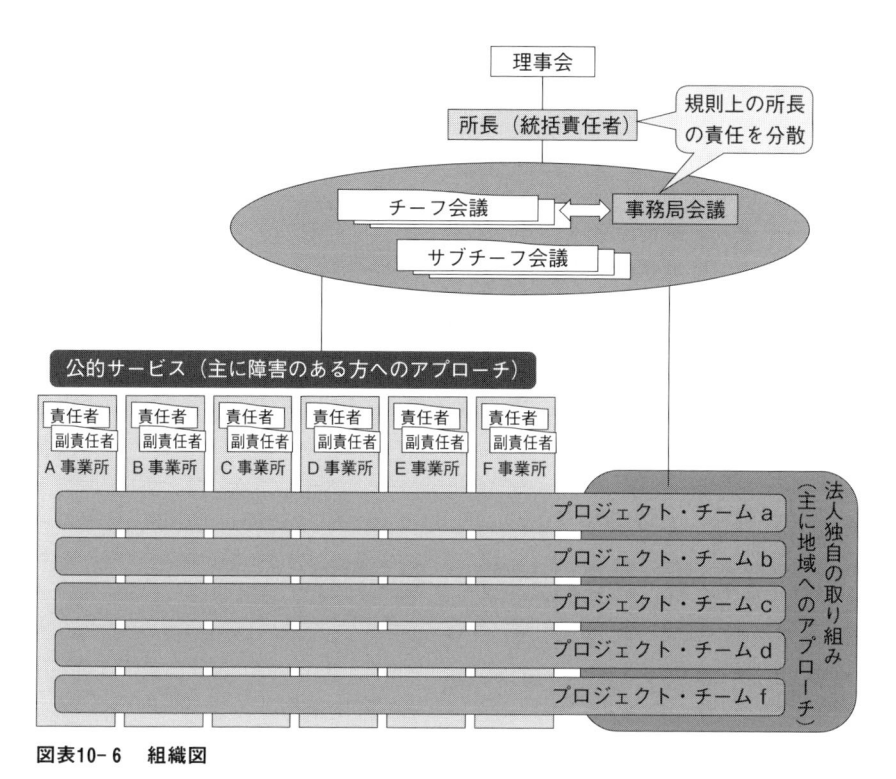

チーフ会議で決定されます。

障害福祉サービス事業所を横断するようにいくつかのプロジェクト・チームが存在します。事業所への配置は、スタッフの希望のほか、さまざまな要因を考慮してチーフ会議で決定されますが、プロジェクト・チームは全員による立候補で決まります。このようななかで、すべてのスタッフが通年で、①質の違う数種類のチームで仕事を体験し、②若いスタッフも責任者や補佐役など違う役割を体験することになります。役割を固定化しないことでも、組織やチームは活性化していくようです。

① 質の違う仕事の体験
　・公的なサービス⇔私的な取組み

・仕掛け　その2-2
　事業所を横断するプロジェクトチームをつくる
▶ Point ❸❹❺

第10講　連携を実現する

- 障害のある方が対象⇔地域住民が対象
- 福祉事業⇔まちづくり
- 組織として決められた仕事⇔チームが創発的に取り組む仕事

② 質の違う役割の体験
- 事業所の役職者⇔プロジェクトではチームの一構成員
- 事業所の非役職者⇔プロジェクトではリーダー等

## 4 仕掛け（その3）情報の発信の仕方、受け方

### (1) 縦横無尽な職場内通信

☆発行自由、縦横無尽
☆手書き歓迎、書き方自由
☆署名入り記事
☆各部署＆掲示板へ
★スピードいのち

　これは「SCしんぶん」という法人の職場通信の右上隅に書いてある言葉です。この内容からするとサークル等の新聞に思われるかもしれません。2007（平成19）年から始めて、2013（平成25）年秋に通算第186号になりました。職場の活性化をねらう工夫の1つとしてつくられました。
○「発行自由」…文字どおり発行に際して特に「許可」は必要なく、書き手、発行者が自由に発行

・仕掛け その3-1
　発行自由、書き方自由な職場通信
▶ Point ❸ ❹

可能
○「縦横無尽」…これは、この通信の最も大切な「価値」。入りたての新任スタッフも、年齢を重ねたベテランも、職場の組織上の責任者もそうでない人も、自由に発信できて、発信されたものはみんなで受け取る。スタッフの思いや意見が「縦横無尽」に飛び交える環境づくりを願ってのこと。
○「手書き歓迎」…パソコンが苦手な人でも大丈夫とか、急いでつくる場合はいちいちパソコンの前に座らなくても OK
○「書き方自由」…表現方法に制限を加えず、自分の発想を大切に
○「署名入り記事」…自由に表現し、自由に発行できるけれども、それには必ず自分で責任をもとう
○「スピードいのち」…必要な情報は必要な時に届けられないと、価値が大幅に下落

　どんな内容をどのように表現したらよいか悩んだ時は、スタッフ同士で相談しあいます。また、ちょっとわかりづらいとか、適切でない表現があった場合は、気がついた誰かが発行者に意見を述べます。こういう営みが続いてきた結果、経験の浅いスタッフでもそれなりの通信をつくっています。

## (2) オープンなメール

　業務に関する情報や意見のやり取り、さまざまな調整に使われる PC メール。スタッフ個々人は、役職者を含めて自分用のメールアドレスはもっていません。アドレスは部署ごとにあり、業務に関する

・仕掛け その3-2
メールのアドレスは個人ごとではなく、部署に1つ
▶ Point ❸❹

南9条通サポートセンター（SC）新聞　　H25年9月12日発行　第186号

# SCしんぶん

☆発行自由、縦横無尽
☆手書き歓迎、書き方自由
☆署名入り記事
☆各部署＆掲示板へ
★スピードいのち

## つながりたいプロジェクト

こんにちは！9月もまもなく半分が過ぎますね・・・
3月のアイディア・コンペで出されたアイディアを元にできた「つながりたいプロジェクト」からのお知らせです。合宿でもお伝えした10月5日に行う研修の詳細が決まったのでお知らせします！

当初はまちの人たちと一緒に行う研修をイメージしていました。が・・・その前に、あむの中でも「まち」や「つながる」ことへのイメージも様々なのでは？ということになり、つながるための土台づくりとしてあむスタッフが学ぶ機会にしたいと思います。
今回お招きする関西のNPO法人〇△□ネットワークでは、障がい等に限らず地域の人たちと共に「暮らしづくり」の活動をしています。背景や地域性は違いますが、その地域で暮らすことを考えた活動をされている方々から学ぶことで、視野を広げて何かヒントになることがみつかればいいなぁと思っています。
また、このプロジェクトは今回の研修を第一弾とし、第二弾を12月頃に予定しています。第二弾では、おなじみのご近所の有名スープカレー屋さん☆★さんに講師をお願いし、今回呼べなかったまちの方々もお誘いしたいと考えています。また、この日の夜にはご近所の方と一緒に「大忘年会」を開く予定です。
単発で終わらず第三弾、第四弾とまちの人から学ぶ機会を作っていきたいと思います。

★日時：10月5日（土）15：00～17：30／6日（日）10：00～12：00
★場所：南9条通サポートセンター2階
★講師：NPO法人〇△□ネットワーク　　◆◇さん　　△▼さん

【プログラム】
5日（土）
15：00～17：00　『□〇の歴史と取り組みについて』
　　　　　　　　□〇地域で育った△▼さんと外から移り住んだ◆◇さん。
　　　　　　　　それぞれの立場からお話して頂く予定です。
17：00～17：30　質問タイム
18：30～　　　　交流会（街にくり出す予定です！後日出欠を取ります。）
6日（日）
10：00～11：30　グループワーク（ワールド・カフェ方式）
　　　　　　　　＊amu's bar を思い出してください！
11：30～12：00　発表＆◆◇さん、△▼さんからのひとこと

チームメンバーの頭文字をとって→（たみお）

図表10-7　SCしんぶん　第186号

メールのやり取りはすべて部署のアドレスを使用しています。メールの宛先は、スタッフ個人、部署やプロジェクト・チーム、特定の役職者グループ、スタッフ全員への発信などさまざまです。これにより、自分に特に関係しないメールも、同じ部署のスタッフであれば見ることができます。ただし、自分に関係しないことを把握することは「義務」ではありません。さまざまな情報を把握できる環境にあるというだけで、情報の把握の度合いは個々人のスタッフにまかされています。

自分が担当していなくとも、その会議に出席していなくとも、スタッフ全員が「何となく知っている」「何となく感じている」状態、日常の細々とした「組織の息づかい」を自分と違う部署でも感じられる環境づくりも大切ではないかと感じます。もともとはただの経費節減対策でしたが、じんわりと効果を感じる仕掛けです。

## 5 仕掛け（その4）
## 思いを形にする作業

### ◆アイディア・コンペ2013◆

まずはいろいろなアイディアを募集します。予算等の関係ですぐには着手できないかもしれませんが、出されたアイディアを全員で考えながら事業化に向けた計画をつくっていきたいと思います。書けるところだけで構いませんので、たくさんのアイディアをお願いします！

・仕掛け その4
アイディア・コンペ
（企画競技会）方式
による事業計画づくり
▶ Point ❸ ❹

**201△年2月末「シート配布」**

●ひとりひとりのアイディア大募集●
・いつもの仕事の中で、いつものあの人との関わりの中で感じてきたこと、感じていることは？
・これまで歩いてきた自分の歴史の中で考えてきたことは？
・一人で考える、誰かと相談、何枚も出す→全部ok

締め切り 201△年3月▽日→各チーフへ

☆関わっている人は何に困ってますか？どんなことを要望されていますか？

☆自分がしたい支援は、取り組みはどんなこと、どんな内容ですか？

☆もし、それらを少し形にしていくと、どんな姿が浮かびますか？＜可能であれば、いつ／どこで／誰が／どのように／その他のイメージも＞

（なまえ：　　　　　）

**201△年3月末「全体会議」**
①一人ずつプレゼン
②カテゴリー分け
③それぞれ関心のあるカテゴリーに分かれてグループ発表
④グループワークの発表
⑤各カテゴリーのまとめ
＊カテゴリーによっては、すぐにプロジェクト・チーム発足

**201△年4月以降「チーフ会議」**
①カテゴリーごとに課題の整理
②課題解決までの大まかな道筋検討
③プロジェクト・チームの呼びかけ
★再度、全体で論議すべき課題の整理

**201△年8月末「法人合宿」**
①★のテーマについて、あらかじめ部署、経験等がバラバラになるようなグループで討議
②グループワークの発表
③★のテーマのまとめ

複数のプロジェクト・チームが独自に活動、提言

**201△年9月以降「チーフ会議」**
①プロジェクト・チームの進捗状況確認
②★のテーマの課題の道筋検討

**図表10-8　アイディア・コンペも"サイクル"**

　SCしんぶん第186号（図表10-7）にある「つながりたいプロジェクト」とは、前年度末に、翌年度もしくはそれ以降を見越して、すべてのスタッフによって提出された「アイディア・コンペ」の1ラウンド目の結果をもとに、新たにつくられた職場内チームの1つです。
　「アイディア・コンペ」（アイディア・コンペティション＝企画競技会）は、2005（平成17）年の秋から始めた全員参加型の事業計画づくりのことです。ここから、新たな支援するサービスや当事者活

動の支援のアイディアなどが生まれました。また、法人の名前や法人の設立趣意書もこのアイディア・コンペが生みの親になっています。このようなスタッフの思いや考えを持ち寄り、みんなで確かめ合いながら形を練りあげていく「思いを形にする作業＝事業化」は、法人がミッションに向かうためになくてはならない存在になっています。

## 6 仕掛け（その5）
## 　連係、そして連携へ

> 連係…物事と物事、人と人との間のつながり。つながりをつけること。他と密接なつながりをもって物事を行うこと。「内野の連係プレー」「手と足の連係動作」
> 連携…連絡を取って一緒に物事をすること。互いに連絡を取り合って協力すること。「関連会社と連携を保つ」「相互連携の強化」

・仕掛け　その5
　ノットワーク（結び目を紡ぐ）を意識する
▶ Point ❹

　春先に、ある事業所の隣のマンションで避難訓練がありました。お誘いがあって知的障害や自閉症の青年数人とスタッフが参加させてもらいました。実はお目当ては訓練後の焼肉パーティーだったりしますが、それはそれで隣の住人の方とふれ合えるよい機会でした。意識的にご近所の方と双方向に仲良くなれるよう日頃からいろいろな仕掛けをしています。その甲斐あっての今回のお誘いだったと思いますが、何より嬉しかったことは「障害者と交流するぞ」ではなく、「近所だし、おいでよ」程度の力の

抜け具合でした。

　「ノットワーク」という言葉があります。ネットワークとは少し違います。私たちがこの言葉に出会ったのは法人主催のある学習会で、一時は法人の名称の候補になったほど私たちのお気に入りの考え方です。

　ノットは「knot」（結び目）です。ノットワーキング（knotworking）は、「実践現場であたかも『即興を交響させる』かのような協働のパフォーマンスである。それは、実践の現場において瞬時に相互行為の「ノット」を紡ぎ出し、ほどき、ふたたび紡ぎ出していくといった協働の微細の律動」であり、「固定され中心化された活動領域を超え、人やリソースを常に変化させながら結びあわせていく、脱中心化・脱領域化された仕事や実践の水平的で協働的な生成を指し示している」[1]とされています。

　選手一人ひとりが変化し続ける状況に合わせながら流動的にそれぞれ必要な役割を感じ、担い合い、チーム全員による「連係プレー」でゴール（目的）に向かってボールを運んでいくサッカーやラグビー。ノットワーキングにも通じる関係だと思います。

　チームワークを実現するには、まず、人と人、あるいは少数の人の間での「連係プレー」が必要です。理想的には、考えなくても感じ合うなかでの連係です。その「連係」（つながり）という土台があってこそ、機能や機関との間で「連携」（行動）が形成されていくのではないでしょうか。

　「組織は連携しない。そのなかの人が連携する」と言われます。チームワークを実現するために真っ

先に取り組むべきこととは、自分自身へのアプローチかもしれません。チームワークの「実現を阻むもの」は、私たちのなかにあるかもしれないからです。

引用・参考文献
1）エンゲストローム，Y．ノットワーキング：結び合う人間活動の創造へ．山住勝広訳．東京，新曜社，2008，352p．

# 第11講
# 連携の概念と関係性

上原　久

## 1 「連携」の概念

　連携とは、「同じ目的を持つ者が互いに連絡をとり、協力し合って物事を行うこと（広辞苑）」とあります。医療保健福祉関係者の間では、もう何年も前から聞き慣れた言葉であり、「いまさら…」と思う節もあるのですが、これほど曖昧で多義的に用いられている用語はありません。

　本稿では、最近の論文より「連携」に関する概念整理を行います。また、連携の「関係性」について、その概念を考察していきます。

### (1) 連携の定義

　Leutzは、「連携」(integration、continuity、coordination、collaboration、partnership、linkage) というキーワードが、医学系論文のほとんどで十分に概念化されていないことを指摘して、連携の概念を①full integration、②coordination、③linkageの3つに整理しました。

　①full integrationとは、治療やケアの情報が地域内で完全に一元化されている状態、②coordinationは、治療やケアが個々の施設で行われ、情報も個々の施設が有しているが、どういうときにどこに受診するかなどのコーディネーションを行う部署が明確にされていること、③linkageは、集約もコーディネーションも明確にされていないが、地域のどこで何

が行われているかについて、関係者の間で認識が共有されている状態、です[1]。

わが国の場合、古くは「チーム医療」などのキーワードとともに医療関連職種の間で「連携」が注目されてきました。介護保険導入後は病院から地域にステージが移行し、最近では障害者総合支援法や生活困窮者対策に至るまで、支援のあり方をめぐって「連携」が連呼されています。しかし、いまだ専門職の間では、「連携」に関する共通の概念整理はなされていないようです。

これらの現状を踏まえて栄は、国内外の論文を精査し、「連携」の概念と展開過程を整理しました[2]。国内の医療保健福祉領域において「連携」をテーマとする主要な論文を選定し、Germainの「協働概念」を参照しながら「連携」の概念を整理したのです。あえて和文献を選定した根拠は、①洋文献では「連携」という言葉が、linkage、coordination、cooperation、collaborationなど、用語の区別がなく用いられていること、②わが国の連携に関する文献でGermainの文献が頻回に参照されていること、③Germainの「協働」とは異なる「連携」概念について再検討する必要があることとされています。

その結果、「連携」とは、「共有化された目的を持つ複数の人及び機関(非専門職も含む)が、単独では解決できない課題に対して、主体的に協力関係を構築して、目的達成に向けて取り組む相互関係の過程」と定義されました。

また、「連携」の展開過程には、連携する相手に対する評価や失望など「認識」レベルのものと、打ち合わせや助言などの「行為」レベルのものが含まれ、7段階の過程を経るとしています。それは、①単独解決できない課題の確認、②課題を共有しうる他者の確認、③協力の打診、④目的の確認と目的の一致、⑤役割と責任の確認、⑥情報の共有、⑦連続的な協力関係の展開、とされています。

## (2) 連携評価尺度:緩和ケアにおける地域連携の場合

森田は、がん緩和ケアに関する地域の医療福祉従事者間の連携を評価す

る尺度を開発しました[3]。476名の医療福祉従事者を対象としたアンケート調査の結果、25項目からなる評価項目を抽出しています。また、それらを構成する因子として、①他の施設の医療福祉従事者と気軽にやりとりができる、②地域の他の職種の役割がわかる、③地域の関係者の名前と顔・考え方がわかる、④地域の多職種で会ったり話し合う機会がある、⑤地域の相談できるネットワークがある、⑥地域のリソースが具体的にわかる、⑦退院前カンファレンスなど病院と地域との連携がよい、などの7因子を抽出しました（図表11-1）。

研究の限界として、「在宅で過ごすがん患者」に限定していること、対象は任意の研修会や講演会に参加した者であり、その多くが病院看護師であることを示していますが、実践感覚としては、「緩和ケア領域」に限らず、地域における多職種連携に必要な指標として十分に通じる内容だと思います。

## (3) 連携に必要な「心構え」

地域緩和ケアプログラム（研修）の参加者が「どのようなことを同職種・他職種に勧めたいと思っているか」を把握した研究があります[4]。

この調査は、全国4地域における緩和ケアプログラムによる地域介入研究の一環として行われたもので、プログラムに参加した101名を対象に、1人平均135分（±39分）のインタビュー調査が行われました。調査結果について内容分析を行い、107の意味単位から7つのカテゴリーを分類しています[5]。

その考察において、最も重要な知見として「すべての職種が多職種カンファレンスに参加してネットワークを増やすことを最も勧めた」と述べています（図表11-2）。また、①かたちのある体制やシステムに関することではなく「連携の心構え」をあげていること、②医師と看護師の連携以外に、保険薬局や介護支援専門員と連携することに困難や戸惑いを感じていること、③がんや緩和ケアに限定されることなく、広い領域の「地域連携」にあてはまる内容が多いこと等についても言及しています。

| 項　目 | 因子負荷量 |
|---|---|
| 【他の施設の医療福祉従事者と気軽にやりとりができる】 | |
| 患者を一緒にみている他の施設の関係者に知りたいことを気軽に聞ける* | 0.87 |
| 患者を一緒にみている他の施設の医師や看護師とやりとりができる | 0.92 |
| 一緒にみている患者のことで連絡をとる時に，躊躇せずに連絡ができる* | 0.92 |
| 一緒にみている患者のことで連絡のとりやすい時間や方法が分かる* | 0.86 |
| 他の施設の関係者と情報交換が気軽にできる | 0.82 |
| 【地域の他の職種の役割が分かる】 | |
| 在宅で過ごすがん患者にどんな職種が関わるかが分かる | 0.85 |
| がん患者に関わる職種（特に，訪問看護師，ケアマネジャー，保健薬局薬剤師）の一般的な役割がだいたい分かる* | 0.84 |
| がん患者に関わる，地域の他の職種の困っていることがだいたい分かる* | 0.73 |
| がん患者に関わる，自分以外の職種の動き方が実感をもって分かる* | 0.61 |
| 【地域の関係者の名前と顔・考え方が分かる】 | |
| 地域でがん患者に関わっている人の，名前と顔，考え方が分かる* | 0.81 |
| 地域でがん患者に関わっている施設の理念や事情が分かる* | 0.88 |
| 地域でがん患者に関わっている人の性格，つきあい方が分かる* | 0.96 |
| 地域でがん患者に関わっている人たちの「顔の見える関係」があると思う | 0.76 |
| 地域でがん患者に関わっている人たちについて，具体的に誰がどのような仕事をしているかだいたい分かる | 0.77 |
| 地域でがん患者に関わっている人たちの顔を思い浮かべられる | 0.69 |
| 【地域の多職種で会ったり話し合う機会がある】 | |
| がん患者に関わるいろいろな多職種で直接会って話す機会がある* | 0.79 |
| 普段交流のない多職種で話し，新しい視点や知りたいを得る機会がある* | 0.86 |
| がん緩和ケアの地域連携に関する，もっていき場のない課題や気持ちを共有する場がある | 0.96 |
| がん暖和ケアの地域連携に関する，課題や困っていることを共有し話し合う機会がある* | 0.93 |
| 【地域の相談できるネットワークがある】 | |
| がん患者に関わることで，気軽に相談できる人がいる* | 0.95 |
| がん患者に関わることで困ったことは，誰に聞けばいいのかだいたい分かる* | 0.97 |
| がん患者に関わることで困った時には，まず電話してみようと思う人がいる* | 0.90 |
| がん患者に関わることで困った時に，相談しようと思う選択肢がいろいろある | 0.84 |
| 【地域のリソースが具体的に分かる】 | |
| がん患者を往診してくれる医師が分かる* | 0.72 |
| 地域でがん患者をよくみている訪問看護ステーションが分かる* | 0.78 |
| 地域でがん患者をよくみているケアマネジャーが分かる* | 0.75 |
| 地域でがん患者の訪問服薬指導をよく行っている薬局がだいたい分かる* | 0.73 |
| 地域でがん患者が利用できる介護サービスがだいたい分かる* | 0.93 |
| がん患者が利用できる地域の医療資源やサービスが分かる* | 0.95 |
| がん患者が利用できる地域の医療資源やサービスについて，具体的に患者や家族に説明できる* | 0.84 |
| 【退院前カンファレンスなど病院と地域との連携がよい】 | |
| 在宅に移行するがん患者の退院前カンファレンスが行えていると思う | 0.96 |
| 退院や入院の時に，相手がどんな情報を必要としているかを考えて申し送りをしたり，情報提供を行ったりしている* | 0.85 |
| 在宅に移行するがん患者については，退院時にカンファレンスや情報共有をしっかり行っている* | 0.98 |
| 退院するがん患者では，急に容体が変わった時の対応や連絡先を決めている* | 0.84 |
| がん患者の治療やケアについて，病院と地域で相談ができている | 0.77 |

*最終の評価項目（25項目）として採用した項目，数値は各因子の因子負荷量を示す．複数のドメインに0.3以上の因子負荷量をもつ項目は，「がん患者に関わる，地域の他の職種の困っていることがだいたい分かる」「がん患者に関わる，自分以外の職種の動き方が実感をもって分かる」の2つであり，【地域の関係者の名前と顔・考え方が分かる】への因子負荷量がそれぞれ0.36，0.37であった．

**図表11-1　「緩和ケアに関する地域連携評価尺度」（プロトタイプ）**[3]

| | n |
|---|---|
| 【職種にかかわらず勧めること】 | 59 |
| 　［多職種カンファレンスに参加してネットワークを増やす］ | 16 |
| 　［相手の置かれている状況をまずよく理解する］ | 4 |
| 　［1人で抱え込まず勇気を出して誰かを探す］ | 6 |
| 　［患者の価値観をよく理解して伝え合う］ | 6 |
| 　［できないと決めてかからないで可能性を探す］ | 3 |
| 　［基盤となる正確な知識をもつ］ | 11 |
| 　［視点を変えたり、視野を広げる］ | 4 |
| 　［まだ関わっていない職種に声をかける］ | 3 |
| 　［がんばりすぎない］ | 4 |
| 　［できることから少しずつする］ | 2 |
| 【保険薬局に関すること】 | 17 |
| 　［（保険薬局から）参加したいので声をかけてほしい］ | 7 |
| 　［（他の職種から）アピールしてチームに加わってほしい］ | 6 |
| 　［患者の気持ちや生活を考えた服薬指導をする］ | 4 |
| 【介護支援専門員に関すること】 | 8 |
| 　［医療職も患者を支えるチームの一員として大事だと思っていることを知る］ | 4 |
| 　［医療のことは詳しくなくても患者のために一緒に行動する］ | 4 |
| 【診療所医師に関すること】 | 7 |
| 　［チームを使って診療すればできる］ | 7 |
| 【訪問看護師に関すること】 | 5 |
| 　［病院と率直にやりとりし合って改善していく］ | 4 |
| 　［普通の言葉を使う］ | 1 |
| 【地域医療者に関すること】 | 4 |
| 　［（自宅から入院になった場合に）自宅での様子についての情報をすぐに共有する］ | 3 |
| 　［診療所と訪問看護で情報を統一してから病院に伝える］ | 1 |
| 【病院スタッフに関すること】 | 7 |
| 　［在宅の視点をもつ］ | 4 |
| 　［退院支援をシステムとして整える］ | 2 |
| 　［地域でのホスピス・緩和ケア病棟の役割を見直してみる］ | 1 |

**図表11-2　同職種・他職種に勧めたいこと**[4]

## 2 連携に必要な関係性

　論理的な概念整理を終えたところで、連携に必要な「関係性」についてふれておきましょう。「連携」と声高に叫んでも、だれかれ構わず「組める」わけではありません。実践において私たちは、「組む相手」を無意識のうちに選定しているように思います。ではいったい、何を通して、どのように選定しているのでしょう。

### (1)「顔の見える関係」という概念

　森田は、地域医療、病診連携、救急医療、ソーシャルワーク、地域包括ケアなど、わが国の地域連携において「顔の見える関係」が重要であることに注目し、その概念化と影響について研究しています[6]。質問紙調査（207名：因子分析法）とインタビュー調査（5名：内容分析法）により、「顔の見える関係」の概念化を試みました。その結果、「顔の見える関係」とは、①単に名前と顔がわかるという関係（顔がわかる関係）ではなく、②考え方や価値観、人となりがわかる関係（顔の向こう側が見える関係）、③さらには、信頼感をもって一緒に仕事ができる関係（顔を通り超えて信頼できる関係）を含む概念であることが示されています（図表11-3）。

　顔の見える関係が構築されることにより、①安心して連絡しやすくなる、②役割を果たせるキーパーソンがわかる、③相手に合わせて自分の対応を変える、④同じことを繰り返して信頼を得ることで効率が良くなる、⑤責任をもった対応をする、といった「連携を円滑にする機能」があることにも言及しています。

　また、顔の見える関係の「促進要素」として地域のなかで話す機会があることを指摘し、「顔がわかる関係だけではなく、考え方や価値観、人となりがわかるような多職種小グループでの話し合う機会を継続的に地域のなかに構築することが有用である」と強調しています。ここでいう「話す機会」とは、会ったり一緒に仕事をしている「回数」ではなく、話す「内容」や「態度」あるいは「語調」などから、相手の「性格」「長所や短所」

```
        顔の向こう側が見え
顔がわかる関係    る関係（人となりが    顔を通り超えて
           わかる関係）       信頼できる関係

        【話す機会がある】
     グループワーク・日常的な会話・患者を一
     緒に見ることを通じて、性格、長所と短所、
     仕事のやり方、理念、人となりがわかる
```

「顔がわかるから安心して連絡しやすい」
「役割を果たせるキーパーソンがわかる」
「相手に合わせて自分の対応を変えるようになる」        連携しやすくなる
「同じことを繰り返して信頼を得ることで効率が良くなる」
「親近感がわく」
「責任のある対応をする」

**図表11-3　「顔の見える関係」と連携との概念的枠組み**[6]

「仕事のやり方」「理念」「人となり」を判断する場を指しているようです。

## (2)「顔の見える関係」を通して見ているもの

　「顔がわかる関係だけでなく、考え方や価値観、人となりがわかるような」関係を築くために、私たちは相手のどのような部分を見て、取捨選択しているのでしょう。

　例えば、こんな例えができます（図表11-4）[7]。

　海に浮かぶ島は、海面から下は見えません。海面に浮き出た「島」だけが見えます。しかし海面の下には、私たちには見えない裾野が広がっているのです。誰かと一緒に仕事をするとき、この「島」の部分に注目する場合と、「裾野」の部分を意識する場合があるのではないでしょうか。「島」の部分を「仕事ぶり」と表現することも可能であり、これらの「見える部分」に注目するのが一般的です。しかし、専門職（特にエキスパート）になればなるほど、「裾野」の部分を感じとる人が多いのではないでしょうか。

図表11-4　仕事を通して見えるもの<sup>文献7）引用、一部改変</sup>

　「裾野」の部分は、次のような構造をもちます（図表11-5）。
　「島」つまり「仕事ぶり」を直下で支えているのは、優れた知識や技術です。知識は、最先端の知識に加え、数多くの累積された経験知をも加味しています。脳内各所に蓄積された知識がスパークして連結を起こし、新たな知識体系を形成することもあるでしょう。「知の連鎖」です。
　また技術は、道具や身体を使ってなされるものですから、高度な身体感覚が必要とされます。例えば、甲子園に出場する高校球児が繰り広げる優れた連携プレイは、観ていると感動する場面です。感動だけでなく、「美しさ」を覚えることもしばしばでしょう。これらを単に、「練習の成果」という言葉で片付けてしまうわけにはいきません。そこには、人知れず行われていた苦しい練習があり、その厳しさを耐え抜かせた何かがあるはずです。練習に熱中し、苦しみを「苦しい」と感じさせない何かがあるはずです。
　それは「考え方」や「価値観」といわれるものではないでしょうか。「美しい」と感じるもの、「心地よい」と感じるもの、「大切にしたい」と思うもの。それぞれに、その人なりの座標軸や尺度があり、自らが進むべき人生の羅針盤を形成しているのではないかと思うのです。知識や技術は、「考え方」や「価値観」と相まって初めて、最高のパフォーマンスを

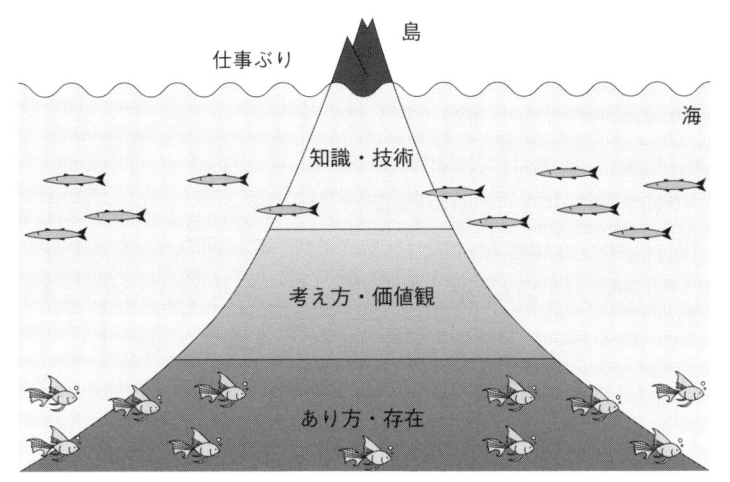

図表11-5　仕事を通して感じとるもの <sup>文献7）引用、一部改変</sup>

発揮するのではないかと思います。

　「知識や技術」と「考え方や価値観」を最下層で支えているのが、「あり方」や「存在」という階層です。専門性に特化した「考え方」や「価値観」だけではなく、その人の「働き方」や「生き方」あるいは「態度」や「姿勢」として現れるものです。

　「知識や技術」「考え方や価値観」「あり方や存在」の関連は、連続性をもった関係でなければなりません。「知識や技術」だけでは、薄っぺらな理屈にしか感じられません。「考え方や価値観」などの掛け声だけでは、脆弱な論理でしかなく、「あり方や存在」だけでは、何の結果も生まれません。

　相手の「仕事ぶり」のなかに、首尾一貫した「あり方や存在」→「考え方や価値観」→「知識や技術」を垣間見るとき、私たちは「組む（組みたい）相手を決める」と思うのです。

## (3)「連携」と「顔の見える関係」のまとめ

　これまで、連携の概念、連携のプロセス、連携によって構築される関係性（顔の見える関係）について述べてきました。ここで、いま一度それを

確認しておきましょう。

　連携とは、「共有化された目的を持つ複数の人及び機関（非専門職も含む）が、単独では解決できない課題に対して、主体的に協力関係を構築して、目的達成に向けて取り組む相互関係の過程」と定義されていました。これらは、①単独解決できない課題の確認→②課題を共有し合える他者の確認→③協力の打診→④目的の確認と目的の一致→⑤役割と責任の確認→⑥情報の共有→⑦連続的な協力関係の展開という7つの段階を経て展開されることがわかりました。

　また、これらの過程を経るなかで、単に「連携」する相手の顔がわかる関係だけでなく、考え方や価値観、人となりがわかるような関係（顔の見える関係）を構築していることが理解できました。「顔の見える関係」とは、①単に名前と顔がわかるという関係（顔がわかる関係）ではなく、②考え方や価値観、人となりがわかる関係（顔の向こう側が見える関係）、③さらには、信頼感をもって一緒に仕事ができる関係（顔を通り超えて信頼できる関係）を含む概念です。

　私たちは、「顔の見える関係」を通して、連携する相手の「知識や技術」「考え方や価値観」「あり方や存在」などを感じとり、「組める相手」を選択しているようです。

　これらの関係が構築されると、①安心して連絡しやすくなる、②役割を果たせるキーパーソンがわかる、③相手に合わせて自分の対応を変える、④信頼を得ることで効率良く仕事が進む、⑤責任をもった対応をする、といった「連携を円滑にする機能」が稼動することがわかりました。

## 3 「連携」を用いた実践事例

　上述した連携の「概念」や「プロセス」および「連携による関係性の構築」は、医療保健福祉領域における専門職間連携にのみ用いられるものではなさそうです。私たちは日常生活のあらゆる場面で、「連携」という手法を用いて「課題や仕事」に取り組んでいます。以下では、筆者が経験した「野中塾の立ち上げ」について、「連携」のプロセスを紹介しましょう。

「野中塾」は、野中猛先生が選んだ11名によって開始されたプロジェクトチームです。本書を読んでくださる読者のなかには、野中先生が生涯かけて取り組んだケアマネジメント研修に参加した方も多いことでしょう。今でこそ「ケアマネジメント」や「ケースマネジメント」という言葉はあたり前となりましたが、それがまだ耳慣れない時代から、野中先生はいち早く有用性に注目し、わが国への導入に尽力されました。「ケアマネジメントは実学である」という信念をもって全国各地を回り、事例検討会を通じて実務者育成に力を注がれました。

　野中先生の夢は、「日本ケアマネジメント研修センター」を設立することでした。全国各地で行われる事例検討会の実情を把握していたからこそ、その必要性を誰よりも感じていたし、高齢者や障害者という「実践領域の垣根」を乗り越えるためにも、それは有用なことだったのです。「ケアマネジメントの本質」を追求する者が抱く明確な目標設定といえるでしょう。

　野中先生の遺志を継いで活動する「野中塾」の経過を振り返りながら、「連携の展開過程」である①単独解決できない課題の確認→②課題を共有し合える他者の確認→③協力の打診→④目的の確認と目的の一致→⑤役割と責任の確認→⑥情報の共有→⑦連続的な協力関係の展開をたどってみたいと思います。

## (1) 単独解決できない課題の確認：野中先生から届いたメール

　2012年末、野中先生から筆者宛に1通のメールが届きました。

Date：Wed, 12 Dec 2012
上原君へ
このところ体調を崩していましたが、どうやら悪性の腫瘍のようです。
埼玉県のがんセンターにて検査中です。入院や手術が続くでしょう。
来年のことは見通しがつきません。
年内の研修会を軒並み断っています。1月からのぶんは様子を見ていますが、断らざるを得ないかもしれません。すると、君の方に代替の依頼が

行ってしまうかもしれません。もしもご迷惑がかかるようでしたら申し訳なく思います。

このメールの数日後、野中先生から関係者に配信されたメールが次の内容です。メールの標題には、「私の近況」と記されていました。

Date：Tue, 18 Dec 2012
Subject：私の近況
各位
私の健康状態について、何かとご心配をおかけしていますが、本日、結論が出ましたのでご連絡します。
10月半ばから腹痛があって、受診を重ねていたのですが、このたび「すい臓がん」と診断され、外科手術の適応もなく、抗がん剤治療を至急開始する予定となりました。
生命予後もけっしていいものではありませんから、皆様にはそれぞれ多大な迷惑をおかけしたり、ご予定が崩れてしまうような結果になるかもしれませんが、療養に専念したいのでご容赦ください。
実は、いまのところ主観的には痛みどめで軽快する腹痛しかなく元気なのですが、検査データを見れば診断は明白で、否定のしようもありません。
隠しておくゆとりもなく事態は進行するのではないかと想像しています。
よろしくご配慮ください。

これを受けて、筆者から次のメールを送りました。

Date：Tue, 18 Dec 2012
野中先生
状況を把握しました。「代替」の依頼はお任せください。
1つ相談ですが、今後の「代替」を効率良くこなしていくために、プロジェクトチームを立ち上げることができないか…と考えています。
先生に推薦していただければ、私がプロジェクト結成のコーディネートをします。

野中先生はご自身の体調をオープンにし、筆者に対して研修講師の「代替」を依頼しています。
　これに対して筆者は、プロジェクトチームの結成を提案しました。「単独解決できない課題の確認」です。
　また、筆者だけでは解決できない課題について、「課題を共有し合える他者の確認」を行い、プロジェクトチーム結成の提案を行ったのです。

## (2) 課題を共有し合える他者の確認と協力の打診：プロジェクトチームの結成

　野中先生からの返信には、各地の研修会で出会った人々の具体的な名前が記されていました。

---

Date：Wed, 19 Dec 2012
上原さんへ
面白いアイデアですね。これを機会に、事例検討ファシリテーター指導プロジェクトを立ち上げるのは良いかもしれない。そういう立場に立つ方が、伸びるのも確かなことです。
この頃では、各都道府県には数人候補がいるように思えます。まずはできあがっている人からかな？
北海道の○○さん、新潟の…、埼玉の…、島根の…、岩手の…、愛知の…、北九州の…、などが思い浮かびます。他の方式で事例検討をする人を除いています。
私の身体状況はオープンにしてかまいません。数人に呼びかけ始めても良いでしょう。

---

　筆者は野中先生から紹介された候補者に、①野中先生の病状、②「代替講師プロジェクトチーム」の運用、③メンバーの選定、④参加協力の意思確認を記したメールを送り、多くの方たちから賛同のメールをいただきました。野中先生には、次の内容で進捗を報告しています。

Date：Tue, 25 Dec 2012
野中先生
「代替講師PT」の呼びかけに、次々と返信をいただいています。
皆さん忙しそうですが、快く引き受けてくださいました。また、早速「代替」をお願いしている方もいます。少しずつですが動き出しています。ご安心ください。

　野中先生からいただいた返信のメールに、「ケアマネジメント研修センター」のことが書かれています。

Date：Thu, 27 Dec 2012
上原さんへ
早速の反応をありがとうございます。
今日は、埼玉県立がんセンターにて最初の抗がん剤投与のための入院を終えてきたところです。
調子は良くて、これならば研修を断らなければ良かったかしらなどと考えてしまうくらいです。でも先がまったく読めませんから、皆様のご協力に期待するばかりです。この機会に、日本の実情に合わせた、有意義なケア会議の方式を工夫し、広める全国的なリーダー集団ができることも期待しています。
厚生労働省には、分野や領域に限られることのないケアマネジメントの研修センターや研修システムが必要なのだと意見しています。その夢が実現することを望んでいます。

　さらに、こんなメールをいただきました。

Date：Wed, 30 Jan 2013
上原君へ
チームFCMのことが気がかりです。これをきっかけにリーダー中のリーダーを育ててしまうのは実にいい方法なのだと思います。
いまのところやれそうなので、チームFCMの研修会をやりませんか？

> 事例を1例検討して、アセスメント終了時とプランニング終了時に、ケア会議の展開過程について解説を加える、互いにアイデアを交換する、といった会はどうかしら？
> 3月、4月あたりで東京近辺日帰りなら、私の身体は可能なように思えるのです。

　このメールを受けて、急遽、4月に「野中塾」の立ち上げ準備会を行うことになりました（メールの文中にある「チームFCM」とはFacilitators of Clinical Meeting の略）。「野中塾」の中核メンバーとして推薦された人々は11名。北海道から九州まで、障害者領域や高齢者領域にわたりさまざまな顔ぶれです。それぞれ十分な実績のある方達ばかりでしたが、名前も顔も知らない人がいました。

　準備会開催までの時間を利用して、メール上で自己紹介をすることにしました。1人1ページに「自己紹介」をまとめ、メールを通して共有することから始めました。野中先生の「自己紹介」のみ記しておきましょう。ここにも、「日本ケアマネジメント研修センター」という文字が明記されています。

　この時点でプロジェクトチームの目標は、野中先生による研修会の「代替講師」です。メンバーは野中先生の病状を案じながら、その一点で結束していました。

　4月に入ると、野中先生からメンバー全員に向けて、こんなメールが配信されました。

> Date：Thu, 25 Apr 2013
> 各位
> 本日退院して、机に向かったり、起きていたりして、様子を見ているのですが、今週末に東京に出かけることはほとんどかなわないでしょう。これだけを楽しみにここしばらくいたので、誠に残念なのですが、身体のことはどうにもなりません。
> 皆様は気づかないでしょう。単に外へ歩いて出るとか、ラーメンを食うとか、散歩をするとか、ひとつひとつできなくなっていく段階でふりかえると、「普通」に行動できることのありがたさです。

## 野中猛の自己紹介

悪乗りですみません。
埼玉県立精神保健総合センターデイケアの頃、講師の雨宮冗快先生が切り絵を作ってくださった。

来歴：
栃木県生まれ、父は海軍から自衛官に、家族で全国を引越しして歩いた。
生物に興味があって医学部入学、人丸ごと相手の精神科を選択。
民間精神病院、埼玉県で公務員、大学教員という道をたどった。
60歳から臨床に戻ろうと準備したら、以来"患者"となった。現在の肩書は、日本福祉大学研究フェロー。

夢：
日本ケアマネジメント研修センター設立
津軽にもう一度住む
チベット・カイラス山巡礼

好きなこと：
雨の音、花の香り、人の思い出、ラーメン、羊羹、チェダーチーズ、バッハからショパンまで
中島みゆきや今陽子
アフリカン・シクリッド
散歩から放浪まで

自慢したいこと：
自転車で日本一周
ヒマラヤ遠征
世界放浪1年
友前結婚式
岩波新書
（公式には、精神科臨床医としての活動＋ケアマネジメントの導入）

支えられた人々：
ロマンロラン
大学山岳部
精神分析療法の師たち
リハビリ活動の同志
大学の教え子
おそらく仏陀

**図表11-6　野中先生の「自己紹介」**

そして筆者には、個別にこんなメールも届いています。

---

Date：Fri, 26 Apr 2013
上原君へ
行きたいなあ！
今日の段階で、行ける行けないは　3：7
いずれにせよ司会などはまかせます。行けたとしても座っているだけになります。

準備会前日、筆者は次の返信を送りました。

> Date：Sat, 27 Apr 2013
> 野中先生
> 明日の会場準備が整いました。会場では、椅子とソファーを手配しました。疲れたら、そこでゴロン…としてください。
> 参加については、多少の無理なお願いをする形になってしまいますが、奥様と相談の上、明日の体調によってお決めください。（メンバーにはまだ、先生が「参加」する件は伝えてありませんので…）
> 明日、12：00過ぎに一度お電話します。電話した時に、先生が車内にいらっしゃるようであれば12：30頃に会場前でお待ちしています。明日、またご連絡いたします。

## (3) 目的の確認と目的の一致：「野中塾」準備会の開催

　そして準備会当日。全国から11名が集まり、2日間にわたって「野中塾のあるべき姿」を議論しました。野中先生も無理を押して来てくれたのでしょう。初日のみの参加でしたが、会議が終わるまで奥様の隣に座り、必要な箇所でコメントを挟みながら、私たちの議事進行を見守ってくださいました。

　会議では、会の呼称を「野中塾」とすること、「野中塾」の理念や目的、具体的な活動内容、「野中塾」のアクションプラン、第1回目の研修プログラムが決まりました。

　ここに、「野中塾開催要綱」を示しておきます。

---

　　　　　　　　　野中塾　開催要綱

　野中ケアマネジメント研究会は下記の目的を達成するために、本要綱に基づいて研修会（通称：野中塾）を開催する。

　1．研修理念
　①野中塾は指導者を養成する研修の企画および運営を通して、エキスパー

トの養成をリードする。
②野中塾は、「量」ではなく「質」で勝負するエキスパート集団として機能する。

2．目的
　野中塾は分野、立場、領域を超えて、ケアマネジメントの本質を伝授できるエキスパートを養成する。

3．方法
①プロジェクトチームの結成
　目的を達成するためにプロジェクトチームを結成し、エキスパート養成研修を企画・運営する。
　1）第1回野中塾の講師は、野中猛先生が選んだ11名とする。
　2）第1回野中塾の参加者は、その11名が選んだ26名を対象とする。
　3）野中塾は回を重ねることにより、プログラム内容の充実およびメンバーの確定を図る。

②第1回野中塾受講者
　受講者として選ばれる者は、次の1）および2）を引き受けることができる者とし、本人の同意を得る。
　1）他県から講師依頼があった場合、それを積極的に引き受けることができる。
　2）自分が行った研修について参加者から評価を受け、野中塾全体で共有する。

③研修会の企画・運営
　第1回野中塾参加者は各方面からの研修依頼を積極的に引き受け、野中塾の目的達成に貢献する。本会の目的を達成するために、塾生が講師を務める研修会の内容および参加者満足度を定期的に評価し、計画を微調整する。

4．アクションプラン
　第2回野中塾においてアクションプランを策定し、その進捗状態を定期的にモニタリングする。また、本会の成果を2014年に行われる日本ケアマネジメント学会で発表する。

目的：指導者を養成する研修の企画・運営を通して、エキスパートを養成する

**図表11-7　野中塾　野中先生と奥様と11人のコアメンバー 2013.04.28**

## (4) 役割と責任の確認

「野中塾」の代表は筆者（静岡県）と白木裕子氏（福岡県）が、副代表は植田俊幸氏（鳥取県）が、当面の事務局は中央法規出版が担うことになりました。また、第1回目の研修プログラムについて、図表11-8のような内容および役割分担が決まりました。

## (5) 情報の共有

それぞれの役割を担うべく、メンバーは研修会に向けて準備を進めました。研修会参加者の選定、会場設定や録音機材の手配、作成した資料はメールで配信され共有しました。メンバーが最も気にかけたのは、野中先生の病状であることはいうまでもありません。そんな状況を察した野中先生から、準備会直後にこんなメールが届きました。

---

Date：Mon, 29 Apr 2013
皆様
有意義な交流が行われたと思います。ご苦労様でした。
私にとっても、最後の最後に女房と一緒の時間が体験できて良かったと思います。こうした私の姿を女房は知りませんでした。

9月15日（日）午後「野中先生を偲ぶ会」午前の部終了後、速やかに集合し、会場へ移動。【中央法

| | 時間 | タイムテーブル | 野中塾長 | 上原さん | 岡部さん | 前山さん | 小笠原さん |
|---|---|---|---|---|---|---|---|
| 9月15日 | 14：00 | 塾頭集合 | | ○ | ○ | ○ | ○ |
| | 14：30 | 受付開始 | | 全体統括 | 会場誘導 | 会場誘導 | 会場誘導 |
| | 14：45 | 塾長メッセージ | メッセージ | | | | |
| | 15：00 | オリエンテーション<br>研修全体の流れ確認 | | | | 説明 | |
| | 15：30 | グループワーク<br>課題共有＆研修達成目標の確認 | | | 3G担当 | ラウンド | 2G担当 |
| | 16：30 | 講義①<br>エキスパートのあるべき姿 | | | 講義 | ラウンド | 2G担当 |
| | 17：15 | 事例検討(1)<br>事例検討における自己課題の発見！ | | | 3G担当 | 事例提供 | 2G担当 |
| | 20：00 | 懇親会 | | | | | |
| 9月16日 | 8：30 | 塾頭集合 | | | | | |
| | 9：00 | 鼎談<br>私の考えるエキスパート | | | 3G担当 | ラウンド | 演者 |
| | 10：00 | 事例検討(2)<br>参加者の提出事例で検討 | | | 3G担当 | ラウンド | 2G担当 |
| | 12：00 | 昼休み | | 塾頭打合せ | 塾頭打合せ | 塾頭打合せ | 塾頭打合せ |
| | 13：00 | グループワーク<br>達成課題の確認 | | | 3G担当 | ラウンド | 2G担当 |
| | 14：00 | 講義②<br>全体振り返り | | 講義 | 3G担当 | ラウンド | 2G担当 |
| | 14：45 | 参加者より一言<br>クロージング | | | 3G担当 | ラウンド | 2G担当 |
| | 15：00 | 研修終了　解散 | アンケート記入された方から解散 | | | | |

図表11-8　ケアマネジメントエキスパート研修会（通称：野中塾）当日のスケジュール及び各自行動確認表

規　松下さんを目指して集合して下さい。】

| 白木さん | 東さん | 植田さん | 大久保さん | 佐藤さん | 奥田さん | 山下 | 中央法規 |
|---|---|---|---|---|---|---|---|
| ○ | ○ | ○ | ○ | ○ | ○ | ○ | ○ |
| 受付 |  |  |  | 受付 | 受付 |  | 研修全体の撮影記録 |
|  | 会計 | 会場誘導 | 会場誘導 |  | 全体進行(副) | 全体進行 |  |
|  |  |  |  |  |  |  |  |
| 各班ごとに、グループの内容を記録　ビデオ・レコーダー準備　各班担当で調整し準備を行う。 | | | | | | | |
| 1G担当 | 3G担当 | ラウンド | 4G担当 | 4G担当 | 1G担当 | 2G担当 |  |
| 1G担当 | 3G担当 | ラウンド | 4G担当 | 4G担当 | 1G担当 | 2G担当 |  |
| 1G担当 | 3G担当 | 全体進行(前半板書き) | 4G担当 | 4G担当 | 前半進行 | 2G担当 |  |
|  |  |  | 司会担当 | 司会担当 |  |  | 会場準備 |
|  |  |  |  |  |  |  |  |
| 演者 | 演者 | ラウンド | 4G担当 | 4G担当 | 1G担当 | 2G担当 |  |
| 1G担当 | 3G担当 | ラウンド | 4G担当 | 4G担当 | 1G担当 | 2G担当 |  |
| 塾頭打合せ | 塾頭打合せ | 塾頭打合せ | 塾頭打合せ | 塾頭打合せ | 塾頭打合せ | 塾頭打合せ |  |
| 1G担当 | 3G担当 | ラウンド | 4G担当 | 4G担当 | 1G担当 | 2G担当 |  |
| 1G担当 | 3G担当 | ラウンド | 4G担当 | 4G担当 | 1G担当 | 2G担当 |  |
| 1G担当 | 3G担当 | ラウンド | 4G担当 | 4G担当 | 1G担当 | 2G担当 |  |
|  |  |  |  |  |  |  |  |

> タクシーで帰っても、昨夜は痛みが治まらず、「ああ、限界か！」と感じました。滑り込みで皆さんとお会いできたことになります。今後は是非とも、実際の行動や形に発展させてください。

そして2か月後、関係者に次のメールが配信されました。

> Date：Fri, 21 Jun 2013
> 各位
> 私の近況を伝えます。外への散歩がかなわなくなりました。
> そろそろ最終章です。入院になると連絡がつかなくなる可能性があります。

しかし一方で、こんなメールも筆者宛に届いていました。
野中先生が書いた論文に、プロジェクトチームのメンバーが実践事例を寄せる形で共同執筆し、本を作成しようとする計画です。
野中先生からメンバーに配信されたメールは、これが最後となりました。

> Date：Sun, 7 Jul 2013
> 上原さんへ
> チームや連携の話は、FCMと組み合わせると、意外に面白いかもしれません。
> 実際的な、現実的な、日常的な、出来事や解決策のエピソードが集まるといいなあ。
> 9月の研修、塾長メッセージは添付のエッセイに尽きます。
> お配りして、少し強調していただければ、それで結構です。

## (6) 連続的な協力関係の展開：野中塾の次の課題

2013年7月24日、野中先生は逝去されました。
9月15-16日に開催された「第1回野中塾」は、参加者23名、プロジェクトメンバー11名、合計34名によって進められました。筆者が塾

長メッセージを代読し、「野中先生の思い」を参加者に伝えたあと、プログラムに沿って研修が進められ、盛況のうちに終了しました。

「野中塾」は現在も続いています。2014年2月には第2回の研修が行われました。前述したように、新たな課題として共同執筆が加わり、メンバーは仕事の合間を使って原稿執筆に労を費やしました。その成果が本書です。また、「野中塾」をNPO法人化することにより、「日本ケアマネジメント研修センター」の構想に近づくのではないか、という議論が現在も続いています。

## (7) プロジェクトメンバーの心をつなぐもの：連携の本質

振り返れば、プロジェクトチーム発足当初、11人のメンバーは顔も名前も知りませんでした。議論の最中や研修の振り返りなどでは、意見がすれ違うこともしばしばでした。NPO法人化については賛否両論があり、プロジェクトチームの継続はもとより、方向性を見失うのではないかと危惧された場面も少なくありませんでした。にもかかわらず、現在もなお活動が続いているのはなぜでしょう。以下にその点を整理しておきたいと思います。

野中先生から託された「人材育成の必要性」という課題と、メンバー各自の問題意識が一致（目的の確認と目的の一致）したからです。なかには「荷が重い」と感じたメンバーもいたに違いありません。けれど、野中塾が「課題を共有し合える他者」を発見する場として機能したこと、あるいはメンバーと意見を交わすなかで「ある程度の実現の見通し」をつかむことができたこと、さらには相互の「考え方や価値観」「あり方や存在」にふれることによって触発された何かがあったことは確かだろうと思うのです。以下の文章のなかに、野中先生が「野中塾」に託した夢が書かれています。

> ケアマネジメントとケア会議を啓発する全国レベルの指導者を育てようという「野中塾」をはじめた。そのグループで自己紹介をする際に「夢」を3行で語った。書き出してみて意識化できたのはいいのだが、タイトル

だけでは多義的で、誤解も多いし、急に書き足りなさを感じてしまった。
　(…略…)
　私が挙げた第一の夢は、「日本ケアマネジメント研修センター設立」である。
　私が半生をかけて改善に懸命であった精神保健の領域に、ケアマネジメントの活動は誠に有用であるところまではわかった。
　(…略…)
　夢はその裏に、抱えきれないほどの思いがつまっている。
　夢を問うことは人生を問うことと、ほとんど同じ程度の重みをもっている。この場合には、抱えた夢と当面の目標を使い分けなければ誤解が生じそうである。

野中猛『私の療養日誌』より抜粋

　野中先生は、多くの著作をお持ちです。研修会などでサインを求められたとき、必ず書き添えられた言葉があります。「野中塾」を根底で支える理念として、ここに記しておきましょう。

「心に愛を…」

引用・参考文献

1） Leutz WN. Five laws for integrating medical and social services : lessons from the United States and the United Kingdom. Milbank Q. 77. 1999, 77-110.
2） 吉池毅志, 栄セツコ. 保健医療福祉領域における「連携」の基本的概念整理――精神保健福祉実践における「連携」に着目して――. 桃山学院大学総合研究所紀要. 34(3). 2009, 109-122.
3） 森田達也, 井村千鶴. 緩和ケアに関する地域連携評価尺度の開発. Palliative Care Research. 8(1). 2013, 116-126.
4） 森田達也, 井村千鶴他. 地域緩和ケアプログラムに参加した医療福祉従事者が地域連携のために同職種・他職種に勧めること. Palliative Care Research. 7(1). 2012, 163-171.
5） 森田達也他. 緩和ケア普及のための地域プロジェクトの経過と今後の課題. 日本ホスピス・緩和ケア研究振興財団「ホスピス緩和ケア白書」編集委員会編, ホスピス緩和ケア白書2011, 24-41.
6） 森田達也, 野末よし子, 井村千鶴. 地域緩和ケアにおける「顔の見える関係」とは何か？ Palliative Care Research. 7(1). 2012, 323-333.
7） 西村佳哲. 自分をいかして生きる. 東京. 筑摩書房, 2011, 206p.

「あとがき」にかえて
# 目標としての夢

野中　猛

　ケアマネジメントは実学である。理論よりも実際に役立つことを優先して技術が工夫されてきた。だから、サービス利用者をしっかり見つめなければならない。彼らが求めることを実現できなければならない。その作業をつなぐ言葉が「夢」であろう。

　ケアマネジメントとケア会議を啓発する全国レベルの指導者を育てようという「野中塾」をはじめた。そのグループで自己紹介をする際に「夢」を3行で語った。書き出してみて意識化できたのはいいのだが、タイトルだけでは多義的で、誤解も多いし、急に書き足りなさを感じてしまった。

　この場合の夢は、「将来実現したい事柄」である。ところが日本語の場合に、本気で実現したいことと、とても無理なことはわかっているが心に抱くだけでも楽しいことと、混じり合っている。どうやら英語では、dreamは荒唐無稽で実現不可能な場合に用いており、実際に目指そうとする場合にはaspirationと表現するらしい。dreamの語源は喜びとか歌であったらしく、aspirationのほうは、大志に胸を膨らませることのようだ。ケアマネジメントという生活支援の場面で「夢」を問うというのは、生活目標を設定するためだから、dreamではなくaspirationに焦点をあてているのであろうと思うが、「夢を問う」だけでは、質問の段階でもはや相互の意図がずれているかもしれない。

　私が挙げた第一の夢は、「日本ケアマネジメント研修センター設立」である。私が半生をかけて改善に懸命であった精神保健の領域に、ケアマネジメントの活動は誠に有用であるところまではわかった。しかし、それが全国で実現されるまでにはさまざまな障壁がある。あの手この手をめぐら

して精神保健体制を改善してきたが、政策から臨床レベルまで、理屈から実務まで見渡して、だからこそ、どうやら良質なケアマネジメントが実際に現場に行きわたることが最短の道と感じている。

　精神保健領域改善のために導入したケアマネジメントであるが、時代の要請にしたがって、高齢者、障害者、生活困窮者など、さまざまな領域でケアマネジメントがわが国でも用いられるようになった。そしてどの領域においても、ケアマネジャーの養成が課題となっている。どれほどすばらしい制度ができても、実務にたずさわる技術者の質が低いままでは意味がない。逆に、制度はどこまでいっても理想形はないのだが、有能な技術者を育成することで、制度を越えた影響力を発揮することができる。

　全国的なケアマネジメントの研修センターを設立し、あらゆる対人サービス職の卒前教育にケアマネジメントを導入することが最も効率的で、効果的でもある。それが実現しにくいのは、まさに制度自身の縦割りの問題である。専門職の教育制度の縦割りであり、行政組織の縦割りが根深く影響している。

　だから、この研修センターが実現するためには、社会制度のかなり基本的なレベルで変革がなされなくてはならない。また、よしんばセンターが完成し、運営がはじまったとしても、今度は定められた制度に縛られてしまうことも予想される。夢の実現は新たな困難がはじまることも意味する。

　命に限りが見えてきた自分にとって、たどり着けそうな現実的目標として「ケアマネジメントの全国研修センター」および「ケアマネジャー教育システム」は aspiration として第一に挙げられる。しかし他方、わが国の社会を見てきた者として冷静に考えると、それこそ荒唐無稽な dream にすぎないかもしれない。

　私が掲げた第二の夢は、「チベットのカイラス山巡礼」である。世界中で未踏峰がいっぱい残っていた1970年代に大学山岳部で活動していた者にとって、チベットも最奥のカイラス山は、当時わずかな写真の断片があるだけの謎の山として魅力あふれる地域であった。「未踏峰」という言葉

には、それまで世界の誰もがふれたことのない斜面を登るという心ふるえる実感がともなっていた。

　いまの時代にはカイラス山巡礼の旅行ツアーが成立している。しかも、少し前までは往復の悪路のために1か月以上の月日を要していたものが、道路整備が進んだ結果、もっと効率的に旅ができるようになっている。あとは高度障害の問題が残るが、ある程度のトレーニングを積みさえすれば、素人でもこの夢は実現できるのである。

　この世界はdreamのままにしておいてほしかった。いまもなお「現実的なdream」とすると、雲南省とチベット、ミャンマー国境あたりの三角地帯とか、ブータン国境の未踏峰ガンケルプンズム峰くらいしか残っていない。いわゆる探検の時代は終わってしまった。個人にとって未踏峰であり、そこにたどり着くまでに死とすれすれのドラマがあったとしても、お茶の間のテレビには「似たような場面」がお笑い番組のなかで紹介される。ちっとも「大したこと」ではないのである。

　私が三番目に挙げた夢は、「もう一度津軽で暮らす」である。私の生まれ故郷は栃木県であるが、大学という青春を過ごしたのは津軽である。自分がはじめて自分を生きたと実感することができた土地である。経済成長する前の日本を色濃く残していた道の奥も、都合13年間をすごしているうちに、列島全体がバブルに巻き込まれていった。あのころの津軽はもうないかもしれない。

　一方私は、本家筋の長男であった。物心つく前から、最終的に栃木の実家に戻って、田んぼや山林を引き継がなければならないとされた。私には人生の選択肢がなかった。職種も結婚も、その路線の範囲内にはじめから限られていた。

　だから「津軽で暮らす」ことは、私にとって不可能だった。津軽どころか、世界中のどこを選ぶことも許されない。つまり、この課題ははじめから「達成不可能なdream」なのである。

　ところが、実は60歳を越えたいまでも、故郷に戻れていない。あるいは、戻っていない。若い時から自転車で日本一周をしたり、世界を放浪し

たり、全国を転勤したりしている。主観的には、住居の選択権がない徹底的に不自由な存在であったが、客観的に見ると、まことに自由人である。ほんとうは「津軽に住む」こともまったく自由なのであろう。実現不可能な夢のままにしているのは自分にすぎない。

　こうして、単に「夢」と言っても、ずいぶんいろいろなレベルや質がありそうだ。「何とか実現したい夢」、「現実になっては白けてしまう夢」、「夢のままにしておきたい夢」、容易に人と共有できるもの、きわめて主観的なもの、ある限定した集団に抱えられているもの、実に多様である。むしろ夢は、はっきり色分けできないから夢に位置づけるのであろう。はっきりして覚悟がついたものは目標になる。

　ちなみにこの「目標」という言葉も英語の方が豊かである。Aim は達成したいことがはっきりしていて、そこに努力が必要である。Purpose には決意がともなっている。Goal は達成するために長い苦闘や忍耐を要することが意味される。Wish の語源は勝ちとることである。Objective はすぐにでも達成できる具体的な目標のことである。見分ける言葉をこれほど必要としてきた英語圏の人々は、よほど目標志向的な文化をもっているのであろう。いや、何かを達成することに血みどろの歴史を重ねてきたという軌跡を現していると言うべきだ。

　夢はその裏に、抱えきれないほどの思いがつまっている。夢を問うことは人生を問うことと、ほとんど同じ程度の重みをもっている。この場合には、抱えた夢と当面の目標を使い分けなければ誤解が生じそうである。

# 著者略歴

**野中　猛**　第1講〜第10講、Essay、「あとがき」にかえて
精神科専門医、協会認定臨床心理士、SST普及協会認定講師、産業精神保健専門職
1951年栃木県生。1976年弘前大学医学部卒業。民間病院を経て、1988年より埼玉県立精神保健総合センターにて、社会復帰や地域精神保健にかかわる。2001年より2011年まで日本福祉大学社会福祉学部保健福祉学科教授を務める（主に精神障害リハビリテーションやケアマネジメントを担当）。2005年に英国ケンブリッジ地域のNHSトラストに留学。2009年より日本精神障害者リハビリテーション学会会長を務める。『作業療法ジャーナル』の編集委員を10年以上務めるなど、医療保健福祉をめぐる多様な専門職と交流を重ねる。2013年7月24日逝去。
主な著訳書：『悩む心の処方箋』（単著）連合通信社、『ケースマネジメント入門』（監訳）中央法規出版、『図説ケアマネジメント』（単著）中央法規出版、『ケアマネジメント実践のコツ』筒井書房、『精神障害リハビリテーション論―リカバリーへの道』（単著）岩崎学術出版、『ケア会議の技術』（共著）中央法規出版、『障害学にもとづくソーシャルワーク』（監訳）金剛出版　ほか

**東美奈子**　第1講実践事例
Retice Inc. 訪問看護ステーションRelisa 相談支援事業所Reve、保健師、精神科認定看護師
山口県立衛生看護学院保健婦科卒業。総合病院・精神科病院での勤務を経て、2002年より地域生活支援センターウイング・相談支援事業所ふぁっとにて、看護職として福祉の現場で働く。2015年、長年の夢をかなえ在宅医療の要としての訪問看護ステーションを開設。"医療と地域をつなぐ"がテーマで、精神科看護師や相談支援専門員の人材育成にかかわっている。

**佐藤珠美**　第2講実践事例
一般社団法人北海道ケアマネジメントサポートリンク、社会福祉士、介護福祉士、精神保健福祉士、主任介護支援専門員、日本ケアマネジメント学会認定ケアマネジャー
北海道釧路市出身。特別養護老人ホームの介護員、重症心身障害児者施設の児童指導員を経て、在宅高齢者および障害者の支援に携わる。高齢者・障害者のケアマネジメントに従事するとともに、司法、学校等、領域を超えたソーシャルワークを実践している。

**小笠原隆**　第3講実践事例
障がい者支援施設黄金荘　副施設長・地域生活支援センターひらいずみ　所長、社会福祉士、介護支援専門員
東北福祉大学卒業。岩手県障がい福祉研修アドバイザー、岩手県社会福祉士会理事・障がい委員長、一関地区障害者地域自立支援協議会くらし部会部会長。福祉従事者の人材育成や町づくり応援にも汗を流す。汗の1つが「平泉恋ちゅん」（YouTubeにアップ）。共に一肌脱げる多職種の縁が宝。

## 岡部正文　第4講実践事例
一般社団法人ソラティオ 代表理事
1995年より新潟県で約20年間精神障害者の地域生活支援に従事。2014年11月に一般社団法人ソラティオを設立し拠点を東京都に移す。2008年より厚生労働省の相談支援従事者指導者養成研修検討委員、2010年より一般社団法人支援の三角点設置研究会において地域移行・定着における人材育成等に携わる。相談支援におけるファシリテーション技術の普及にも尽力している。

## 奥田亜由子　第5講実践事例
日本福祉大学ケアマネジメント技術研究会、日本福祉大学社会福祉学部非常勤講師、主任介護支援専門員、社会福祉士、日本ケアマネジメント学会認定ケアマネジャー
日本福祉大学社会福祉学部卒業後、栃木県の知的障害者入所施設の生活指導員を経て、1993年から愛知県高浜市在宅介護支援センター・ソーシャルワーカー、1999年からケアマネジャーも兼務し、愛知県の実務研修・更新研修・主任介護支援専門員などの指導者となる。現在、日本ケアマネジメント学会理事、愛知県社会福祉士会地域包括支援センター研修委員会委員長。日本福祉大学では「ケアマネジメント論」、卒業研究の専門ゼミを担当している。

## 前山憲一　第6講実践事例
社会福祉法人半田市社会福祉協議会ふくし支援グループ長、精神保健福祉士、主任介護支援専門員
1990年日本福祉大学社会福祉学部卒業。同年に医療法人鴻池会（奈良県）に入職。老人保健施設デイケアスタッフを皮切りに、MSW、PSW、介護支援専門員を務める。2002年半田市福祉部福祉課嘱託職員（障害福祉相談担当）を経て、2006年から半田市社会福祉協議会に入職。地域包括支援センター所長等を経て現職。日本福祉大学の非常勤講師として「ケアマネジメント演習」を担当している。

## 植田俊幸　第7講実践事例
国立病院機構鳥取医療センター　積極的訪問チーム精神科医
1991年鳥取大学医学部卒業。総合病院精神科、静岡てんかん・神経医療センターを経て、2006年から鳥取県立精神保健福祉センターに勤務。精神障害者の地域生活支援と専門職の技術支援にかかわっている。2010年から国立病院機構鳥取医療センターの精神科訪問チームを兼務し、重度の精神障害がある人の退院と地域定着支援を行っている。また、県立病院での緩和ケアチームにも参加している。

## 山下浩司　第8講実践事例
大村市社会福祉協議会事務局次長、障害者支援センター ラフ・ラム相談支援専門員
1989年日本福祉大学社会福祉学部卒業。同年、大村市社会福祉協議会入社。福祉活動専門員としてボランティアセンター及び地域で住民主体の相談支援活動を展開。1996年より障害者地域生活支援センター相談員。その後、日常生活自立支援事業、障害者虐待防止センター等にても幅広く相談業務に従事。長崎県自立支援協議会委員、大村市自立支援協議会事務局、長崎県相談支援専門員協会代表。

## 白木裕子　第9講実践事例
株式会社フジケア 取締役社長、看護師、主任介護支援専門員、日本ケアマネジメント学会認定ケアマネジャー
第1回の介護支援専門員実務研修受講試験に合格し、介護保険制度施行と同時にケアマネジャー業務に従事する。現在、一般社団法人日本ケアマネジメント学会副理事長、同学会認定ケアマネジャーの会顧問、NPO法人ケアマネット代表、北九州市介護の質の向上委員等。著書に『ケアマネジャー実践マニュアル』（中央法規出版）等がある。

**大久保薫**　第10講実践事例
社会福祉法人あむ業務執行理事、相談室にっとチーフ、社会福祉士、精神保健福祉士
1979年日本福祉大学社会福祉学部卒業。障害乳幼児療育機関、重症心身障害児施設勤務を経てパーソナルサービス起業。2001年より札幌市障がい者相談支援事業、2013年より基幹相談支援センター業務。2017年より現職。相談支援事業所等への支援、北海道自立支援協議会等で人材育成に携わっている。

**上原 久**　はじめに、第11講
社会福祉法人聖隷福祉事業団　浜松市生活自立相談支援センターつながり 所長、精神保健福祉士、相談支援専門員、介護支援専門員
総合病院、精神科病院、救護施設、特別養護老人ホーム、老人保健施設、就労支援施設、相談支援事業所、生活困窮者支援事業など、幅広い領域でソーシャルワーク業務に従事。大学・大学院等で非常勤講師を務める。著書に『ケア会議の技術』『ケア会議の技術2』『ケア会議で学ぶ ケアマネジメントの本質』『生活困窮者を支える連携のかたち』（いずれも中央法規出版）等がある。

[初出一覧]
・第1講〜第10講
　リハビリナース．5巻1号（2012年）〜6巻4号（2013年），ステップアップ講座「連携は技術である」，メディカ出版
・がんサバイバーという臨床活動
　緩和ケア．23巻4号，266-267，2013年，青海社
・目標としての夢
　『私の療養日誌』2013年4月13日
・第1講〜第10講の実践事例、第11講
　書き下ろし

**多職種連携の技術(アート)──地域生活支援のための理論と実践**

2014年9月20日　初版発行
2017年11月10日　初版第4刷発行

著　者……………野中猛、野中ケアマネジメント研究会
発行者……………荘村明彦
発行所……………中央法規出版株式会社
　　　　　　〒110-0016　東京都台東区台東 3-29-1　中央法規ビル
　　　　　　営　業　TEL　03-3834-5817　FAX　03-3837-8037
　　　　　　書店窓口　TEL　03-3834-5815　FAX　03-3837-8035
　　　　　　編　集　TEL　03-3834-5812　FAX　03-3837-8032
　　　　　　https://www.chuohoki.co.jp/

本文デザイン……荒井雅美
装　幀……………TYPEFACE（AD. 渡邊民人／D. 小林麻実）
印刷・製本………株式会社太洋社

ISBN978-4-8058-5057-2
定価はカバーに表示してあります

本書のコピー、スキャン、デジタル化等の無断複製は、著作権法上での例外を除き禁じられています。また、本書を代行業者等の第三者に依頼してコピー、スキャン、デジタル化することは、たとえ個人や家庭内での利用であっても著作権法違反です。

落丁本・乱丁本はお取り替えいたします